기초한문교재

원문으로 읽는

고사성어

원 주 용 편역

傳統文化研究會

편역 **원주용**元周用

성균관대학교 한문학과 문학박사
현 성균관대 초빙교수
중고교 한문교과서 《천자문 쉽게 알기》《한문공부 길잡이》 등 저著
《고려시대 산문읽기》《고려시대 한시읽기》《조선시대 한시읽기》 등 편역編譯
《담암일집淡庵逸集》《불조통재佛祖通載》 등 번역
전통문화연구회·박약회 등에서 강의

현토 오규근
윤문 교정 이지곤 김효동
편집 이화춘
출판 신양선
관리 함명숙
보급 서원영

기초한문 Smartbook을 간행하며

오늘날 동북아東北亞 공용문자共用文字인 한자漢字는 그 용도用途가 이분二分되었다 하겠다. 하나는 전통적인 한자문화시대의 고문古文에 대한 연구 분야이고, 다른 하나는 현대 한국韓國과 중국中國, 일본日本 등 한자문화권 국가의 실제 언어생활에 활용하는 어휘 중심의 실용 구어口語와 전문용어 분야이다.

서세동점西勢東漸의 시기에 동양문화東洋文化의 뿌리인 한자가 열등문자劣等文字로 취급되고 배척되는 위기가 있었다. 당시 중국과 일본은 문화文化 전통을 잘 수호守護하여 이를 극복하였던 반면, 월남越南은 프랑스의 식민 하에서 한자를 버렸고, 남북한南北韓은 점령군과 한글전용주의자의 합동 공세攻勢로 문화 수호의 책임을 방기放棄하고 말았다. 어문정책語文政策에 혼란을 초래하여 문화의 기반이 흔들리더니, 이제는 한글전용의 입장이 주류를 형성하였다.

우리 민족은 2,000여 년 전, 저 멀리 삼한시대三韓時代부터 동방東方 공용문자共用文字를 사용하면서 우리 특유의 한자문화를 형성하였고, 나아가 그 바탕에서 우리의 말과 글이 합치하는 훈민정음訓民正音을 창제하여 표의문자表意文字인 한자와 표음문자表音文字인 한글을 융합하여 세계에 유례없는 어문생활을 영위營爲하였다.

그러나 일부 국수주의자國粹主義者들의 책동策動으로 한글전용정책이 문화·교육계 전반을 잠식蠶食하였고, 이는 우리의 고급문화를 후퇴시켜 오늘날 실질문맹률實質文盲率 64%라는 OECD 최하위권 수준으로까지 추락시켜 문화후진국을 면치 못하게 하였다. 이는 개념어槪念語의 대다수를 차지하는 한자어를 한글로만 표기한 결과, 제대로 된 원의原意의 이해·전달 및 조어造語가 어려워졌기 때문이다.

그리하여 초·중등교육의 국어國語·역사歷史를 비롯한 각종 교과서 어휘語彙와 용어用語 등으로부터, 전문적인 학술용어學術用語에 이르기까지 국어보다는 외국어外國語가 더 익숙한 상황에 이르렀다.

'한자는 어렵다'는 고정관념은 한자의 낱글자와 한문의 문장까지 포함한 잘못된 인식이다. 물론 한자는 수천 년 동안 써왔지만 획수劃數와 글자 수가 많고, 한문의 문장구조文章構造도 우리말과 달라 배우기 어려운 것이 사실이다. 그러나 우리가 오늘날 국어 등에서 사용하는 한자어는 고문古文인 한문漢文이 아니다. 게다가 한자를 상형문자象形文字로 부르듯이 한자는 그림 형체가 있고 이미지가 있어, 연상聯想 작용과 도형화圖形化 등 스토리텔링에 효과적이라 지상地上의 문자 중 가장 기억하기 쉬운 문자이기도 하다.

한자는 뇌의 활동을 활발하게 하고 오래 기억되는 매우 효용적인 언어라는 것을 뇌과학자腦科學者 조장희趙長熙 박사는 이를 MRI 실험으로 증명하였다. 또 표의문자인 한자와 표음문자인 가나(일본 문자)를 혼용混用하는 일본이 세계 제일의 독서국으로 발전하는 중요한 원동력이라는 것은 우리에게 시사示唆하는 바가 크다.

오늘날 학교의 한자漢字·한문漢文 교육은 한글전용정책의 영향을 받아, 현대식 교재를 중심으로 단순 암기와 피상적인 정보 전달에 국한하여 제한적·형식적 교육으로 이루어지고 있다. 그러나 전통적 교육방법인 성독聲讀, 해석, 쓰기, 외우기, 글짓기 등 시각視覺·청각聽覺·촉각觸覺의 여러 감각기관을 극대화하여 입체적이고 효율적인 언어학습을 도모하였던 전통 몽학蒙學(어린이 글공부) 교육의 강점을 다시 연구할 필요가 있다.

우리의 선인先人들은 서당書堂에서 아동들에게 소학小學(예절, 글자 공부)·역사歷史·문학文學 등을 교육하기 위하여《천자문千字文》《사자소학四字小學》《추구推句》《계몽편啓蒙篇》《동몽선습童蒙先習》《격몽요결擊蒙要訣》《명심보감明心寶鑑》《훈몽자회訓蒙字會》 등을 저술하고 편찬하여 단계적으로 교육하였다.

각 분야의 소학(문자학)과 어휘력 확장으로 교양과 기초한문 이해의 기반을 다지고 동양고전 독해력讀解力을 증진하기 위해서는 이와 같은 선인들의 지혜가 응축凝縮된 전통傳統 몽학서蒙學書를 학습할 필요가 있고, 이를 통해 전통의 감성적 학습방법과 현대의 이성적·분석적 방법을 융합하여야 한다.

이에 본회는 동양고전 독해력을 2, 3년의 단기간에 터득할 수 있도록 1990년대부터 편찬한 한자·한문 교과서와 기초한문교재(몽학서)를, IT 기술과 접목한 Smartbook으로 재구성하여 어휘력과 문해력文解力 향상에 도움이 되도록 하였다. 아울러 지속적으로 새로운 교재를 발굴하여 고전독해력을 효율적·집중적·합리적으로 제고提高할 수 있도록 한문독해의 첩경捷徑을 제시할 것이다.

이러한 노력은 한국학韓國學·동양학東洋學의 기반을 조성하고, 선진문화先進文化 한국인韓國人을 위한 한자어 교육의 현대화現代化와 정보화情報化를 선도하여 선진문화한국 VISION 2030-2050 성취의 밑거름이 될 것이다.

사단법인 전통문화연구회 회장 이계황李啓晃

이 책에 대하여

동아시아 한자문화권漢字文化圈에 살고 있는 사람이라면 일상생활의 대화나 글쓰기에서 고사성어故事成語의 활용빈도가 높다. 말하기와 글쓰기에서 고사성어의 활용은, 원전原典이 지닌 다양하고 수많은 의미를 짧은 표현 속에 함축적含蓄的으로 담아낼 수 있는 훌륭한 방법이기 때문이다.

그런데 실제 언어생활에서 고사성어를 사용하는 경우, 그 유래由來는 모른 채 사전적辭典的 의미만을 사용하는 것이 일반적이다. 이럴 경우 자칫 본래의 의미를 잘못 이해할 수 있기 때문에 배경에 대한 이해가 전제되어야 한다. 배경은 원전을 통해서 이해할 수 있으며, 원전을 봄으로써 한문 번역 능력도 기르고, 동시에 고사성어의 의미도 정확히 알 수 있다.

우리가 알아야 할 고사성어는 매우 많다. 수많은 고사성어를 다 알 수 없기 때문에, 2007년 이후 중학교·고등학교 교과서에 실린 것, 한자급수시험·수능기출문제·공무원시험 등에 출제된 것, 신문이나 방송 및 대중매체에 인용되었던 것 중에서 실생활에 자주 쓰이면서 활용할 수 있는 유의미有意味한 것을 중심으로 선정選定하였다. 아울러 한문 독해력 향상을 위해 한시漢詩보다는 이야기가 있는 산문散文 중에서 채택하였다.

체제體制는 먼저 고사성어의 겉뜻과 속뜻을 제시했고, 원문과 번역문을 제시했으며, 본문에 나오는 어려운 글자의 음과 뜻, 어휘를 설명하고, 비슷하거나 상반된 고사성어와 실제 용례用例를 제시하였다. 내용과 주제를 파악하기 쉽게 하기 위하여 비슷한 주제를 모아 주제별로 엮었으며, 같은 주제 내에서는 가급적 시대순時代順으로 순서를 배치했다. 번역은 직역直譯을 원칙으로 하고, 필요한 경우 의역意譯을 하였으며, 원문에는 현토懸吐를 하였다.

2018년 4월 구산龜山 기슭에서

일러두기

1. 이 책에 대하여

1) 이 책은 기초한문교재의 한 책이다.
2) 이 책은 원전原典을 통해서 고사성어의 의미를 정확히 알고, 한문 독해 능력을 기르려는 취지에서 만들어졌다.
3) 한문 독해 능력 향상을 위해 한시漢詩보다는 산문散文 중심으로 선정選定하였다.
4) 교과서, 각종 시험이나 매체에 자주 인용되며, 실생활에 활용할 수 있는 유의미有意味한 성어를 중심으로 선정選定하였다.
5) 이 책은 원전의 전통성傳統性과 번역의 현대성現代性을 구현하기 위해 노력하였다.
6) 원문에 현토懸吐하였으며, 원문의 이해를 위해 주석注釋을 달고 어려운 한자의 음과 뜻을 제시하였다.
7) 기본적인 어구풀이를 제시하여 한문 문장 이해에 도움이 되게 하였으며 한국 고전古典에서 쓰인 용례用例를 제시하여 활용도를 높였다.
8) 내용과 주제를 파악하기 쉽게 하기 위하여 비슷한 주제별로 엮었으며, 같은 주제 내에서는 가급적 시대순時代順으로 배치했다.
9) 부록에 '주요 인물별 고사성어'와 '한문 독해 패턴 색인'을 제시하였다.
10) 본서에 사용된 주요 부호符號는 다음과 같다.

    “ ”: 대화, 각종 인용

    ‘ ’: “ ” 안에서 재인용, 강조

    《 》: 서명書名, 출전出典

    〈 〉: 편장명篇章名, 작품명作品名, 보충역補充譯

    [ ]: 번역문과 뜻은 같으나 음音이 다른 한자 및 자구字句, 역주譯註에서 인용하여 번역한 원문原文

2. 연수 방법

연수의 방법은 '전체를 일독한 후 여러 번 반복해서 보는 경우', '처음부터 찬찬히 살펴보는 경우', '관심 있는 부분을 중심으로 먼저 살펴보는 경우' 등 각자의 습관에 따라 다양하다. 각자 편리한 방법으로 공부하더라도 아래의 몇 가지는 반드시 지켜야 독해력讀解力이 신장된다.

1) 번역을 보기 전에 원문을 여러 번 읽고 스스로 풀이한다.
   (1) 여러 번 읽는 과정은 문장을 익숙하게 만들고 풀이 방법을 생각하는 과정임.
2) 교재에 풀이된 설명을 읽어서 완전히 자기 것으로 만든다.
   (1) 문장에 대한 설명은 하나도 그냥 제시된 것이 없으므로, 왜 이런 설명을 넣었는지 생각함.
3) 소리 내어서 여러 차례 읽기와 쓰기를 반복한다.
   (1) 최소한 10번 이상 소리 내어 읽고[聲讀], 3회 이상 정성들여 씀.
   (2) 소리 내어 원문과 번역을 읽고 쓰는 과정은 머리에 각인되는 효과가 있음.
4) 스마트북 기능을 이용해서 반복 학습한다.
   (1) 본 책은 QR코드를 통해 문장의 다양한 정보와 학습 도구를 제시함.
   (2) 이를 활용하면 연관되는 많은 내용을 알 수 있고, 다양하게 반복 학습할 수 있음.
   (3) 읽어주는 원문과 뜻풀이도 반복해서 듣고, 따라 읽으면 많은 효과가 있음.

3. '스마트북'이란?

1) PC 및 Mobile 등 정보화 기기를 이용한 교재의 다양한 학습 보완기능을 'Smartbook(스마트북)'이라 하였다. 이를 통하여 한문 연수·학습 교재의 새로운 지평을 제공하고자 한다.
2) 본 스마트북으로 도서의 모든 요소를 IT 기술로 제공함은 물론, 그 밖의 학습요소를 추가 제공하여 학습에 도움을 주고자 한다.
3) 본서 스마트북의 정보제공 범위는 다음과 같다. ○ : 동일제공, ◎ : 확대제공

구분	내용	도서	PC	Mobile
원문/현토	대상 원문과 현토	○	○	○
번역	번역문	○	○	○
직해 및 직해순	직해 및 번역하는 순서	○	◎	○
주석	주요 학습 어휘	○	◎	○
도판	삽화, 지도, 연표, 사적, 문물 등	○	◎	◎

음원音源	원문 및 번역문의 읽기, 듣기, 따라읽기 등		○	○
노트	프린터용 쓰기노트		○	
패턴	원문에 사용된 주요 구문構文 패턴 정보	○	◎	○
강좌	도서의 온라인 동영상 강의		○	○
책갈피	온라인 책갈피 기능		○	○
토론실	이용자의 토론공간		○	○

※ 일부 기능은 제작중이며, 온라인 회원에 한하여 제공될 수 있음.

4. 스마트북 이용 방법

1) 본서는 각 단원별로 좌우측의 하단에 'QR코드'와 '단축기호'를 제공하고 있다.

2) 스마트북의 사용법은 다음과 같다.

(1) '스마트폰'을 사용할 경우 'QR코드'나 '단축주소'를 활용하여 접근한다.

※ QR코드를 이용할 때는 주요 포털 사이트의 App에서 제공되는 기능을 활용한다.

(2) PC를 사용할 경우 단원별로 제공된 '단축기호'를 활용하여 접근한다.

※ 단축주소 : "http://JTLink.kr/단축기호" (대소문자 무관)

목 차

3부. 존현尊賢 · 인내忍耐 · 교육教育 · 학습學習 · 포부抱負 · 노력努力

4부. 우둔愚鈍 · 기만欺瞞 · 고집固執 · 판단判斷 · 용기勇氣 · 염려念慮

5부. 재치才致 · 총명聰明 · 환경環境 · 언변言辯 · 지혜智慧 · 도량度量

6부. 신의信義·교우交友·아량雅量·보은報恩·자애慈愛·의리義理

7부. 사욕私慾·위정爲政·배려配慮·겸손謙遜·고통苦痛·아집我執

부 록

가나다 차례

1부

처세處世
안분安分
순명順命
중용中庸
적선積善
겸양謙讓

01 效顰

본받을 효 찡그릴 빈

찡그림을 본받다

자기 분수를 모르고 무턱대고 남의 흉내를 냄

㊒ 西施矉目 西施捧心 邯鄲之步 邯鄲學步

西施[1]病心하여 而矉其里라 其里之醜人이 見而美之하고 歸亦捧心하며 而矉其里하니 其里之富人見之하고 堅閉門而不出하며 貧人見之하고 挈妻子而去走라 彼知矉美요 而不知矉之所以美라

A之所以B : A가 B하는 까닭

서시西施는 속앓이 병이 있어 그 마을에서 찡그리며 다녔다. 그 마을의 못생긴 여자가 그것을 보고 아름답다고 생각하여 자기 마을로 돌아가서는 또한 가슴을 움켜쥐고서 그 마을에서 찡그리며 다녔다. 그러자 그 마을의 부자들은 그것을 보고는 문을 단단히 닫고서 나오지 않았으며, 가난한 사람들은 그것을 보고는 처자식을 이끌고 떠나가 버렸다.

그녀는 찡그리는 것이 아름답다는 것만 알았지, 찡그리는 것이 아름답게 되는 까닭을 알지 못했던 것이다.

《장자莊子》〈천운天運〉

1 西施 : 원래 이름은 시이광施夷光이며, 이광夷光·서자西子·완사녀浣沙女라고도 일컬었다. 오왕吳王 부차夫差의 왕비이자, 월越나라의 미인으로 중국 4대 미인 중 한 사람이다. 오吳나라에 패한 월왕越王 구천句踐이 문종文種의 미인계 책략에 따라 오왕 부차에게 바쳤다가 오나라가 망한 이후 범려范蠡와 함께 사라졌다.

CV12446

矉(=顰) 찡그릴 빈 醜 추할 추 捧 받들 봉 ; 끌어안다 挈 끌 설 ; 이끌다

성어용례

» 집집마다 춘첩 붙여 새해 복을 맞이하는데, 나도 따라 하려다가 도리어 스스로 부끄러워 하네. [家家帖子迓新休 我欲效顰却自羞] 윤기尹愭, 〈우작춘첩又作春帖〉

» 스스로 찡그리는 법 배운 곳이 있다고 말하면서, 자기 마을 서쪽에 서시와 더불어 이웃한다고 하네. 서시는 본래 예뻐 찡그려도 예쁘지만, 너는 찡그리느니 본색대로가 더 낫겠다. 아! 효빈이 어찌 너뿐이더냐, 나는 세상에 이러한 효빈을 많이 보았다네. [自言此法有所受 里閈西與西施隣 西施本好顰亦好 汝顰不若守天眞 吁嗟效顰豈唯汝 我見世路多此顰] 정약용丁若鏞, 〈제동시효빈도題東施效顰圖〉

» 동쪽 집 사람도 덩달아 효빈하니, 곱고 추함 따윈 굳이 따질 것 없네. [東家自效顰 不必校姸醜] 이행李荇, 〈용전운면작用前韻勉作〉

[그림 1] 서시西施

02 陰德陽報

몰래 음 덕 덕 드러낼 양 갚을 보

남몰래 덕을 베풀면 드러내 보답한다

사람이 보이지 않는 곳에서 좋은 일을 베풀면 반드시 보답이 있음

㊒ 積善餘慶

A之B也 : A가 B일 때
去AB : A와 거리가 B하다
安A : 어디에 A한가?

孫叔敖[1]之嬰兒也에 出遊而還하여 憂而不食이어늘 其母問其故한대 泣而對曰 今日吾見兩頭蛇[2]하니 恐去死無日矣리이다 其母曰 今蛇安在오하니 曰 吾聞見兩頭蛇者는 死라 恐他人又見하여 吾已埋之也니이다 其母曰 無憂하라 汝不死하리라 吾聞之하니 有陰德者는 必有陽報하고 有隱行[3]者는 必有昭明이라 及長하여 爲楚令尹[4]이라하니라

손숙오孫叔敖가 어렸을 때, 밖에 나가서 놀다가 집으로 돌아왔는데 근심하면서 먹지를 않았다. 그의 어머니가 그 까닭을 물으니, 울면서 "오늘 제가 머

1 孫叔敖 : B.C.630?~B.C.593? 성이 미芈, 씨는 위蔿, 이름은 오敖, 자는 숙오叔敖이다. B.C.601년에 초楚나라의 영윤令尹이 되어 초나라 장왕莊王을 보좌하여 농업 생산을 진작시키고 초나라를 남방의 패권霸權 국가로 만들었다.

2 兩頭蛇 : 머리가 둘 달린 뱀으로, 이것을 보는 사람은 죽는다는 전설이 있다.

3 隱行 : '음덕陰德'과 같은 말로, '남몰래 베푼 덕'을 말한다.

4 令尹 : 지방의 장관長官이다.

CV13277

敖 거만할 오 嬰 갓난아이 영 還 돌아올 환 蛇 뱀 사 恐 두려워할 공 ; 아마
安 편안할 안 ; 어찌 埋 묻을 매 隱 숨을 은 昭 밝을 소 楚 나라이름 초
尹 벼슬이름 윤

리 둘 달린 뱀을 보았는데 아마도 죽을 날이 얼마 남지 않은 것 같습니다."라고 대답하였다. 어머니가 "지금 그 뱀은 어디에 있느냐?"라고 하니, "제가 듣기로 '머리 둘 달린 뱀을 본 사람은 죽는다.'고 하여, 다른 사람이 또 볼까 두려워서 제가 이미 그것을 묻어버렸습니다."라고 대답하였다. 그러자 어머니가 "근심하지 마라. 너는 죽지 않을 것이다. 나는 '남몰래 덕을 베푼 사람은 반드시 드러내 보답하고, 남몰래 선한 행동을 한 사람은 반드시 드러내어 밝혀준다'고 들었다."라고 하였다. 손숙오는 어른이 되어 초楚나라 영윤令尹이 되었다.

《신서新序》〈잡사雜事〉

성어용례

» "손숙오가 뱀을 묻었다."라는 사실이 세상에 전한다. [世傳孫叔敖埋蛇事]

이익李瀷, 〈양두사兩頭蛇〉

» 백련사 서쪽에 석름봉이 있는데, 어떤 중이 이리저리 걸어 다니며 솔을 뽑네. …… 또 어쩌면 위오가 어린 시절 음덕을 쌓으려고, 길에서 만난 독사를 죽이듯이 한단 말인가. [白蓮寺西石廩峯 有僧彳亍行拔松 …… 又如蔿敖兒時樹陰德 道逢毒蛇殲殘凶]

정약용丁若鏞, 〈승발송행僧拔松行〉

03 過猶不及

지나칠 과 같을 유 못할 불 미칠 급

지나침은 미치지 못함과 같다

사물이 정도를 지나치면 미치지 못한 것과 같음, 중용中庸이 중요함

유 過不及

A與B : A와 B
孰A : 누가 A한가?
A猶B : A는 B와 같다

子貢이 問 師[1]與商[2]也孰賢이니잇고 子曰 師也는 過하고 商也는 不及[3]이니라 曰 然則師愈與잇가 子曰 過猶不及이니라

자공子貢이 "사師와 상商 중에 누가 더 낫습니까?"라고 묻자, 공자가 "사는 지나치고, 상은 미치지 못한다."라고 하였다. 자공이 "그렇다면 사가 낫습니까?"라고 하니, 공자는 "지나침은 미치지 못함과 같다."라고 하였다.

《논어論語》〈선진先進〉

1 師 : 자장子張(B.C.503~?)으로, 춘추시대 말기 진陳나라 사람, 성은 전손顓孫, 이름은 사師, 자가 자장子張이다. 공자孔子보다 48세 연하다.

2 商 : 자하子夏(B.C.507~B.C.420?)로, 성은 복卜, 이름은 상商, 자가 자하子夏이다. 공자보다 44살 연하로, 공자가 죽은 뒤에 위魏나라 문후文侯에게 초빙되어 스승이 되었다. 이후 아들의 죽음 때문에 슬피 울어 실명했다고 한다. 이극李克·오기吳起·전자방田子方·단간목段干木 등이 모두 그의 문하에서 배웠다.

3 師也過 商也不及 : 《논어집주論語集註》에 "자장은 재주가 높고 뜻이 넓었으나 구차히 어려운 일을 하기 좋아했으므로 항상 중도中道에 지나쳤고, 자하는 독실히 믿고 삼가 지켰으나 규모가 협소했으므로 항상 미치지 못하였다.[子張才高意廣 而好爲苟難 故常過中 子夏篤信謹守 而規模狹隘 故常不及]"라고 되어 있다.

CV13278

貢 바칠 공 孰 누구 숙 賢 어질 현 ; 낫다 愈 나을 유 猶 같을 유

성어용례

» 지나침은 미치지 못함과 같다는 것은, 공자孔子께서 중도中道를 갖추기를 책려한 것이다. [過猶不及 聖所責備] 정조正祖, 〈화성성묘고유문華城聖廟告由文〉

» 유가의 도는 중용에 있으니, 어찌 지나치거나 모자라게 하랴. 군자가 되는 방법은, 선을 가려 굳게 지키는 것이라네. [吾道在中庸 奈何過不及 所以爲君子 擇善而固執] 정탁鄭琢, 〈한거감흥閒居感興〉

» 나는 아노니 지나침이나 모자람이나, 그 잘못은 같다네. 모자람은 그래도 열심히 하면 되지만, 지나침은 반드시 공을 무너뜨린다네. [吾知過不及 其失則爲同 不及 猶可勉 過必隳其功] 이달충李達衷, 〈낙오당감흥樂吾堂感興〉

[그림 2] 자장子張

[그림 3] 자하子夏

04 池魚之殃[1]

연못 지 물고기 어 어조사 지 재앙 앙

연못 속 물고기의 재앙

아무런 상관도 없는데, 억울하게 제삼자가 재앙을 입음

유 殃及池魚 橫來之厄 橫厄

使AB : A에게 B하게 하다
A焉 : A하게 되다

宋桓司馬[2]有寶珠로되 抵罪出亡이러니 王使人問珠之所在하니 曰 投之池中이라하다 於是竭池而求之나 無得하고 魚死焉이라

송宋나라 사마司馬인 환퇴桓魋는 보배로운 구슬을 가지고 있었는데, 죄를 짓자 도망갔다. 왕이 사람을 시켜 구슬이 있는 곳을 묻자, 환퇴는 "그것을 연못 속에 던져버렸습니다."라고 하였다. 이에 연못의 물을 다 퍼내고 구슬을 찾았으나, 손에 넣지 못하고 물고기만 죽었다. 《여씨춘추呂氏春秋》〈효행람孝行覽〉

1 비슷한 이야기가 《회남자淮南子》〈설산훈說山訓〉에도 실려 있는데, "송나라 임금이 그 구슬을 잃어버리자, 연못 속의 물고기가 그 일 때문에 다 죽었다.[宋君亡其珠 池中魚爲之殫]"라고 되어 있다.

2 桓司馬 : 춘추시대 송宋나라의 대부大夫인 환퇴桓魋로, 성은 상向이어서 상퇴向魋라고도 한다. 공자孔子가 송나라에 가서 제자들과 함께 큰 나무 아래에서 예를 익히고 있는데, 환퇴가 공자를 죽이려고 그 나무를 베었다고 한다.

CV13279

宋 송나라 송 桓 굳셀 환 司 맡을 사 寶 보배 보 珠 구슬 주 抵 막을 저 ; 저촉하다
出 나갈 출 ; 달아나다 魚 물고기 어 竭 다할 갈 焉(=於此) 어조사 언

성어용례

» 성안의 사람들이 도망하여 피할 수 있었다면, 억울한 재앙에서 벗어날 수 있었을 것이다.

[城中能出避 則可免池魚之殃] 김시양金時讓, 〈하담파적록荷潭破寂錄〉

[그림 4] 송인벌목宋人伐木 : 송宋나라 환퇴桓魋가 제자들과 예를 익히는 공자를 죽이려고 나무를 벤 고사

05 老馬之智

늙을 노 말 마 어조사 지 지혜 지

늙은 말의 지혜

무능하게 보여도 저마다 한 가지의 재주는 지님, 풍부한 경험에서 우러나오는 지혜

㊒ 老馬識途 老馬知途 老馬之道

A於B : B를 A하다

管仲[1]隰朋이 從於桓公하여 而伐孤竹[2]이러니 春往冬反할세 迷惑失道하니 管仲曰 老馬之智可用也라하고 乃放老馬而隨之하여 遂得道라

관중管仲과 습붕隰朋이 제齊나라 환공桓公을 따라서 고죽국孤竹國을 정벌하였다. 봄에 가서 겨울에 돌아오는데, 헤매다가 길을 잃자 관중이 "늙은 말의 지혜가 쓸 만하겠다."라고 하고는, 곧 늙은 말을 풀어주고 그 말을 뒤따라가서 마침내 길을 찾았다.

以AB : A로 B하다

行山中無水어늘 隰朋曰 蟻冬居山之陽하고 夏居山之陰이니 蟻壤一寸이면 而仞有水라하고 乃掘地하여 遂得水라 以管

1 管仲 : ?~B.C.645. 춘추시대 초기 제齊나라의 정치가이자 사상가로, 이름은 이오夷吾, 자는 중仲이다. 제나라 환공桓公을 춘추오패春秋五霸로 만들었다.

2 孤竹 : 요서遼西지역에 위치했던 나라로, 제齊나라 환공桓公에게 멸망되었다.

CV13280

管 대롱/피리 관　仲 버금 중　隰 진펄 습　桓 굳셀 환　孤 외로울 고
迷 미혹할 미 ; 헤매다　惑 미혹할 혹　隨 따를 수　遂 따를 수 ; 드디어　蟻 개미 의
壤 땅 양　仞 길 인 ; 8척　掘 팔 굴

仲之聖而隰朋之智로도 至其所不知하얀 不難師於老馬與蟻하니 今人不知以其愚心而師聖人之智는 不亦過乎아

不亦A乎
: 또한 A하지 않겠는가?

산속을 지나가는데 물이 없자, 습붕이 "개미는 겨울에는 산의 양지에 살고, 여름에는 산의 음지에 산다. 개미집이 일 촌이면 팔 척의 깊이에 물이 있다."라고 하고는, 곧 땅을 파서 마침내 물을 얻었다. 관중 같은 성인이나 습붕 같은 지혜로운 자도 그들이 알지 못하는 것에 이르면, 늙은 말과 개미를 스승으로 삼기를 어려워하지 않는데, 지금 사람들은 그들의 어리석은 마음으로 성인의 지혜를 본받을 줄을 모르니, 또한 잘못이 아니겠는가?

《한비자韓非子》〈설림說林〉

성어용례

» 근본을 튼튼히 함은 백성을 보존하려는 것인데, 먼 길을 가는데 늙고 둔한 말을 버리겠는가. [固本存黔首 長途棄老駑]　노수신盧守愼, 〈이십오일우희용전운二十五日雨喜用前韻〉

[그림 5] 제환공齊桓公

[그림 6] 관중管仲

愚 어리석을 우

06 餘桃之罪

남을 여 복숭아 도 어조사 지 죄 죄

남은 복숭아의 죄

같은 행동도 사랑받을 때와 미움받을 때에 따라서 다르게 받아들여짐

유 餘桃啗君

A者 : A 때에
A哉 : A하구나!
爲A之故 : A 때문에
以AB : A를 B하다

昔者에 彌子瑕[1]有寵於衛君이러니 衛國之法에 竊駕君車者는 罪刖이라 彌子瑕母病하여 人間往夜告彌子한대 彌子矯駕君車以出이라 君聞而賢之曰 孝哉로다 爲母之故로 忘其刖罪로다하다 異日[2]에 與君遊於果園이라가 食桃而甘하여 不盡하고 以其半啗君하니 君曰 愛我哉라 忘其口味하고 以啗寡人이라하다

옛날 미자하彌子瑕는 위衛나라 왕(영공靈公)에게 총애가 있었다. 위나라 법에는 왕의 수레를 몰래 탄 사람은 발꿈치를 베는 형벌이 있었다. 미자하의 어머니가 병이 나자, 어떤 사람이 밤에 가서 미자하에게 알렸다. 미자하는 왕의 명령이라 사칭하고 왕의 수레를 타고 나갔다.

왕이 듣고서 미자하를 어질게 여기며 "효자로다! 어머니 때문에 자신의 발꿈치가 잘리는 형벌도 잊었구나."라고 하였다. 훗날 왕과 함께 과수원을 유람

1 彌子瑕 : 춘추시대 위衛나라 대부大夫이다. 사어史魚는 위 영공衛靈公에게 여러 차례 거백옥蘧伯玉을 천거했으며, 미자하彌子瑕를 멀리할 것을 간곡히 권고했다고 한다.

2 異日 : 과거나 미래의 어떤 날.

CV13281

彌 미륵 미 瑕 허물 하 寵 총애 총 衛 지킬 위 竊 훔칠 절 ; 몰래 駕 가마 가 ; 타다 刖 벨 월 ; 발꿈치를 베다 矯 바로잡을 교 ; 〈임금의 명령이라고〉사칭하다 啗 먹일 담

하였다. 복숭아를 먹는데 달아서 다 먹지 않고 그 절반을 왕에게 드렸다. 왕이 "나를 사랑하는구나! 자기 입맛에 맞는 것은 생각하지 않고 과인에게 바치는구나."라고 하였다.

及彌子色衰愛弛하여 得罪於君이라 君曰 是固로다 嘗矯駕吾車하고 又嘗啗我以餘桃라하다 故彌子之行이 未變於初也나 而以前之所以見賢하고 而後獲罪者는 愛憎之變也라 故有愛於主면 則智當而加親하고 有憎於主면 則智不當見罪而加疏라 故諫說談論之士는 不可不察愛憎之主而後說焉이라

及A : A했을 때
A於B : B를 A하다
A之所以B者C也
: A가 B한 까닭은 C이다
見A : A 되어지다
不可不A
: A하지 않으면 안된다

미자하의 용모가 쇠하여 왕의 사랑이 식게 되었을 때, 〈미자하가〉 왕에게 죄를 지었다. 왕이 "이 사람을 가두어라. 일찍이 왕명을 사칭하고서 나의 수레를 탔으며, 또 이전에 나에게 남은 복숭아를 먹였다."라고 하였다.

미자하의 행동은 처음부터 변하지 않았으나, 앞에는 어질게 보였고 뒤에는 죄를 얻은 까닭은 사랑과 미움이 변했기 때문이다. 그러므로 왕에게 사랑을 받으면 지혜가 마땅하게 발휘되어 더 가까워지고, 왕에게 미움을 받으면 지혜도 마땅하게 발휘되지 않아 죄를 얻어 더 멀어진다. 그러므로 왕에게 간하거나 유세하거나 말을 하거나 이야기를 주고받는 선비는 왕의 사랑과 미움을 살핀 뒤에 설득하지 않으면 안 된다.

《한비자韓非子》〈세난說難〉

성어용례

» 안색이 쇠하여 왕의 사랑이 식으면, 죄는 남은 복숭아에 미친다. [色衰愛弛 則罪及餘桃]

이규경李圭景, 〈남총변증설男寵辨證說〉

衰 쇠할 쇠　弛 늦출 이 ; 쇠퇴하다　固 굳을 고 ; 가두다　嘗 맛볼 상 ; 일찌기　獲 얻을 획　憎 미울 증
加 더할 가 ; 더욱　疏 성길 소 ; 멀어지다　諫 간할 간　說 달랠 세

07 邯鄲學步

땅이름 한 땅이름 단 배울 학 걸음 보

한단에서 걸음걸이를 배우다

자기의 본분을 버리고 함부로 남의 흉내를 내다가 두 가지 다 잃음

㊒ 壽陵失步 邯鄲匍匐

獨不A與
: 설마 A하지 않은가?
直A耳 : 단지 A일 뿐

子[1]獨不聞夫壽陵餘子[2]之學行於邯鄲[3]與아 未得國能하고 又失其故行矣하여 直匍匐而歸耳라 今子不去면 將忘子之故하고 失子之業이라하니 公孫龍口呿而不合하고 舌擧而不下하여 乃逸而走하니라

〈위모가〉 "그대는 설마 저 수릉壽陵 땅의 젊은이가 한단邯鄲에서 걸음을 배운 이야기를 들어보지 못했는가? 한단에서의 걸음걸이를 능숙하게 하는 것도 터득하지 못했는데, 또 자기의 옛 걸음걸이도 잃어버려 기어서 돌아갈 수밖에 없었네. 지금 그대도 떠나지 않으면, 장차 그대의 옛 것도 잊고 그대의 일도 잊을 것이네."라고 하니, 공손룡公孫龍은 입을 벌린 채 다물지도 못하고, 혀가 들려진 채 내리지도 못하고서 마침내 달아나버렸다. 《장자莊子》〈추수秋水〉

성어용례

» 옛날 걸음걸이도 잊어버린 늙은 몸, 행동거지 내심 부끄러움도 많구나. [老大失故步 行止多內慚]
이식李植, 〈견우십수遣遇十首 적두구분운摘杜句分韻〉

1 子 : 공손룡으로, '백마비마白馬非馬'로 유명한 명가名家이다. 위 내용은 위모魏牟와 공손룡의 문답이다. 공손룡은 자신이 뛰어나다 생각해서 위모를 찾아가 장자와 비교해 자신의 학문은 어느 정도인지 비교해 달라고 했다. 뒤에 나오는 '정저지와井底之蛙'의 고사도 이때 위모가 말해준 것이다.

2 餘子 : 아직 성인이 되지 않은 사람을 가리키는 말이다.

3 邯鄲 : 조趙나라의 수도이다.

CV13282

獨 홀로 독　陵 언덕 릉　匍 길 포　匐 길 복　龍 용 룡　呿 벌릴 거　逸 편안할 일 ; 달아나다

» 지금까지의 사업은 한단에서 걸음 배우는 일, 가을 바람에 고개 돌리니 몹시 한스럽구나. [如今事業邯鄲步 回首西風恨不窮]

허균許筠, 〈학산초담鶴山樵談〉

» 평생 귀인의 집에 발을 들이지 않았고 지금은 늙어 백발이 되었으니, 감히 수릉의 옛 걸음걸이 잊지 못하겠다. [平生足不及貴人門 今老白首 不敢失壽陵舊步]

정약용丁若鏞, 〈남고윤참의묘지명南皐尹參議墓誌銘〉

[그림 7] 공손룡公孫龍

[그림 8] 장자莊子

08 鷄鳴狗盜[1]
닭계 울명 개구 훔칠도

닭처럼 울고 개처럼 훔치다

천한 재주를 가진 사람도 때로는 요긴하게 쓸모가 있음, 야비하게 남을 속이는 꾀, 잔재주를 자랑함

유 鷄鳴之客 函谷鷄鳴 黔驢之技

使AB : A에게 B하게 하다
(A)以爲B : (A를) B로 삼다
其A哉 : 아마 A일 것이다

秦王聞孟嘗君[2]之賢하고 使涇陽君[3]으로 爲質於齊以請하니 孟嘗君來入秦이라 秦王以爲丞相[4]하니 或謂秦王曰 孟嘗君相秦이면 必先齊而後秦하리니 秦其危哉리이다

진秦나라 왕은 맹상군孟嘗君이 어질다는 것을 듣고 경양군涇陽君으로 하여금 제齊나라에 인질이 되게 하고 맹상군을 만나보기를 청하니, 맹상군이 진나라로 들어갔다. 진나라 왕이 승상으로 삼으려 하자, 어떤 사람이 진나라 왕에게 "맹상군이 진나라에서 재상이 되면 반드시 제나라를 먼저 생각하고 진나라를 뒤에 생각할 것이니, 진나라는 아마도 위태로워질 것입니다."라고 하였다.

---

1 《사기史記》 〈맹상군열전孟嘗君列傳〉에 더 자세한 이야기가 실려 있다.

2 孟嘗君 : 전국시대 말기의 사람으로, 성은 전田, 이름은 문文, 시호는 맹상군孟嘗君이다. 설薛 지역에 봉지封地를 두고 있었기에 설공薛公이라고도 부른다. 이른바 '전국사공자戰國四公子' 가운데 한 사람으로, 제齊나라의 왕족으로서 진秦·제齊·위魏의 재상을 역임하였으며, 천하의 인재들을 모아 후하게 대접하여 이름이 높았다.

3 涇陽君 : 진나라 왕의 동모제同母弟이다.

4 丞相 : 천자를 보좌하는 대신(=정승政丞, 재상宰相).

CV13284

秦 나라 이름 진 質 볼모 질 孟 맏 맹 涇 통할 경 齊 제나라 제 丞 정승 승 謂 이를 위

秦王乃以樓緩爲相하고 囚孟嘗君하여 欲殺之라 孟嘗君이 使人求解於秦王幸姬[1]하니 姬曰 願得君狐白裘[2]하노라 孟嘗君有狐白裘러니 已獻之秦王하여 無以應姬求라

以A爲B : A를 B로 삼다
欲A : A하고자 하다
使AB : A에게 B하게 하다
願A : A하기를 바라다
無以A : A할 방법이 없다

진나라 왕은 마침내 누완樓緩을 재상으로 삼고 맹상군을 가두어 그를 죽이려 했다. 맹상군이 사람을 시켜 진나라 왕의 애첩에게 풀어줄 것을 요청하니, 애첩이 "맹상군의 호백구狐白裘를 얻고 싶습니다."라고 하였다. 맹상군은 호백구를 가지고 있었는데, 이미 진나라 왕에게 그것을 바쳐 애첩의 요구를 들어줄 수 없었다.

客有善爲狗盜者하여 入秦藏中하여 盜狐白裘以獻姬하니 姬乃爲之言於王而遣之러니 王後悔하여 使追之하다 孟嘗君至關하니 關法에 鷄鳴而出客이라 時尙早하고 追者將至러니 客有善爲鷄鳴者하여 野鷄聞之하고 皆鳴이어늘 孟嘗君乃得脫歸하다

맹상군을 따라온 손님 중에 개처럼 도둑질을 잘하는 사람이 있어서 진나라 창고 안으로 들어가 호백구를 훔쳐다 애첩에게 바쳤다. 애첩이 마침내 맹상군을 위해 왕을 설득하여 맹상군을 보내게 하였다. 왕은 뒤에 후회하여 맹상군을 뒤쫓게 하였다. 맹상군이 관문에 이르니, 관문의 법에는 닭이 울어야 사람을 내보내게 되어 있었다. 〈닭이 울려면〉 때는 아직 일렀고, 추격하는 사

1 幸姬 : 천자의 총애를 받는 여자(=애첩愛妾).

2 狐白裘 : 여우 겨드랑이에 있는 흰 털가죽으로 만든 외투로, 천자나 제후가 편안히 거처할 때 입는 복장이다.

樓 다락 루　緩 느릴 완　囚 가둘 수　姬 여자 희　狐 여우 호　裘 갖옷 구　獻 드릴 헌　狗 개 구
盜 도둑 도　藏 감출 장　遣 보낼 견　悔 뉘우칠 회

람이 장차 이르려고 하였는데, 맹상군을 따라온 손님 중에 닭 우는 소리를 잘 내는 자가 있어서 〈닭 울음소리를 내자,〉 들에 있는 닭들이 그 소리를 듣고 모두 따라 울었다. 맹상군은 마침내 벗어나 돌아올 수 있었다.

《통감절요通鑑節要》〈주기周紀〉 난왕赧王 17년

성어용례

» 문하에 가득한 손님 중에 계명구도와 같은 이 하나 없으니, 은덕 입은 나 같은 자 죽어야 하리. [滿門簪履無鷄狗 飽德如吾死合羞] 이제현李齊賢, 〈황토점黃土店〉

» 그들이 얻은 사람은 닭 울음이나 내고 개 짖는 소리나 하는 따위들의 마음을 얻은 것에 불과하였으니, 반드시 백성들이 그들을 따르지만은 않았을 것이다. [其所以得人 不過得鷄鳴狗盜之心 未必爲庶氓之依歸] 이익李瀷, 〈사군四君〉

» 맹상군에 밥 얻어먹는 삼천 식객 중에 계명구도 한두 사람뿐이라네. [薛門仰食三千客 只一狗盜一鷄鳴] 정약용丁若鏞, 〈설야각중사찬雪夜閣中賜饌 공술은례恭述恩例〉

09 毛遂自薦

터럭 모　드디어 수　스스로 자　천거할 천

모수가 스스로 천거하다

자기가 자기를 추천함

유 自畵自讚 自畵讚

秦以王陵攻邯鄲[1]한대 武安君[2]曰[3] 邯鄲實하니 未易攻也요 且諸侯之救日至하리니 破秦軍必矣라하고 辭疾不行하니 乃以王齕代王陵하다 趙王使平原君[4]으로 求救於楚라 平原君이 約其門下食客文武備具者二十人으로 與之俱한대 得十九人하고 餘無可取者라

以AB : A로써 B하다
使AB : A에게 B하게 하다

진秦나라는 왕릉王陵을 〈장수로 삼아〉 한단邯鄲을 공격하려고 하였다. 무안

1 邯鄲 : 조趙나라의 수도이다.

2 武安君 : ?~B.C.257. 이름은 백기白起이다. 용병술에 뛰어났다. 진秦나라 소왕昭王에게 등용되어 초나라의 수도 영郢을 공격해 함락시키고, 무안군武安君에 봉해졌다. 장평長平 전투에서 조나라 군대에 대승을 거둔 다음 항복한 조나라 군사 40여만 명을 하룻밤 사이에 구덩이에 묻어 죽여 천하를 경악시켰다. 진秦나라가 한단邯鄲을 포위했다가 실패했는데, 원래 이 전투에 찬성하지 않아 병을 핑계로 참전하지 않아 사오士伍로 강등되고, 재상 범저范雎와 틈이 벌어져 자결하였다.

3 武安君曰 : 《자치통감資治通鑑》에는 앞에 "무안군이 병이 낫자, 왕은 그를 대신하려고 하였다.[武安君病愈 王欲使代之]"라는 말이 있다.

4 平原君 : 전국시대 조趙나라 무령왕武靈王의 아들로, 이름은 승勝이다. 동무성東武城에 봉해져 호를 평원平原이라 했으며 식객이 늘 수천 명이었다.

陵 언덕 릉　攻 칠 공　侯 제후 후　辭 말씀 사 ; 핑계 대다　疾 병 질　齕 깨물 흘
趙 조나라 조　楚 초나라 초　具 갖출 구　俱 함께 구

CV13286

군武安君이 "한단은 대비가 충실하니 쉽게 공격할 수 없다. 또 제후들의 구원이 날마다 이를 것이니, 진나라 군대를 반드시 격파할 것이다."라고 하고는, 병을 핑계 대고 가지 않았다. 마침내 왕흘王齕로 왕릉을 대신하게 하였다. 그러자 조趙나라 왕은 평원군平原君으로 하여금 초나라에서 구원을 청하게 하였다. 평원군이 문하의 식객 중에 문무를 겸비한 사람 20명과 함께 가기로 약속했는데, 19명을 뽑고 나서는 나머지 중에 뽑을 만한 사람이 없었다.

A之B也 : A가 B하는 것은
譬若A
 : 비유하자면 A와 같다

毛遂自薦於平原君이어늘 平原君曰 夫賢士之處世也는 譬若錐之處囊中[1]하여 其末立見이어늘 今先生이 處勝之門下는 三年於此矣로되 勝未有所聞하니 是先生無所有也로다하니

모수毛遂가 평원군에게 자신을 추천하자, 평원군이 "무릇 어진 선비가 세상에 처함은 비유하자면 송곳이 주머니 속에 있어서 그 끝이 바로 드러나는 것과 같소. 지금 선생이 저의 문하에 있은 지가 지금까지 3년인데, 제가 아직 선생에 대해서 들은 것이 없으니, 이것은 선생이 가진 것이 없다는 것이오."라고 하니,

非特A而已
 : 단지 A 뿐만은 아니다

毛遂曰 臣乃今日에 請處囊中爾니 使遂蚤得處囊中이면 乃穎脫而出이요 非特其末見而已니이다하다 平原君이 乃與之俱하니 十九人相與目笑之러라

모수가 "제가 바로 오늘에서야 주머니 속에 있기를 청합니다. 만약 제가 일찍 주머니 속에 처할 수 있었다면 바로 송곳 끝이 벗어나 빠져 나왔을 것이

1 錐之處囊中 : 재능이 아주 빼어난 사람은 숨어 있어도 저절로 남의 눈에 드러난다는 의미의 낭중지추囊中之錐가 여기서 유래하였다. 낭중지추囊中之錐와 비슷한 성어로는 기말입현其末立見, 낭추로영囊錐露穎, 모수추毛遂錐 등이 있다.

譬 비유할 비　錐 송곳 추　囊 주머니 낭　爾 뿐 이　蚤 벼룩 조 ; (=早)일찍　穎 이삭 영 ; 끝

요, 다만 그 끝이 드러날 뿐만이 아니었을 것입니다."라고 하였다. 평원군이 마침내 그와 함께 가니, 19명이 서로 눈짓하면서 그를 비웃었다.

뒷 이야기 평원군이 초나라에 이르러 초나라 왕과 합종合從의 이익과 손해를 말하는데, 해가 떴을 때부터 말을 하여 해가 중천인데도 결정하지 못하였다. 모수가 칼을 어루만지면서 계단을 지나 위로 올라가서 평원군에게 "합종의 이익과 손해는 두 마디 말이면 결정되는데, 지금 해가 떴을 때부터 말을 하여 해가 중천인데도 결정을 못하는 것은 무엇 때문입니까?"라고 하니, 초나라 왕이 노하여 꾸짖기를 "어찌 내려가지 않는가? 나는 바로 너의 군주와 이야기를 하는데, 너는 무엇 하는 놈인가?"라고 하였다.

- 합종 : 남북南北으로 동맹하는 것.

모수가 칼을 어루만지면서 앞으로 나아가 "왕께서 저를 꾸짖는 까닭은 초나라의 많은 병사를 믿기 때문일 텐데 지금 10보 이내에서는 많은 병사를 믿을 수 없습니다. 왕의 목숨이 저의 손에 달려 있고, 우리 군주가 앞에 계신데 꾸짖는 것은 어째서입니까? 지금 초나라의 강함을 천하가 감당할 수 없다고 하지만, 백기白起는 어린아이일 뿐인데도 한 번 싸워 초나라 땅인 언鄢과 영郢을 빼앗고, 두 번 싸워 이릉夷陵을 불태우고, 세 번 싸워 왕의 선친을 욕보였으니, 이것은 초나라 백 대의 원수이고, 조나라도 부끄러워하는 것입니다. 그런데도 왕은 미워할 줄 모르시니, 합종은 초나라를 위한 것이지 조나라를 위한 것이 아닙니다."라고 하니, 초나라 왕이 "맞소, 맞소. 진실로 선생의 말과 같습니다. 삼가 사직을 받들어서 따르겠습니다."라고 하였다.

- 이릉 : 초나라 선왕先王의 묘호.

모수가 초나라 왕의 좌우 신하들에게 "닭과 개와 말의 피를 가지고 오라."라고 말하였다. 모수는 구리쟁반을 받들고 무릎을 꿇고 초나라 왕에게 올리면서 "왕께서는 마땅히 피를 바르고(맹약하는 사람이 입가에 피를 바르고, 나머지는 땅에 묻는다. 천자는 소와 말을, 제후는 개와 돼지를, 대부 이하는 닭을 사용한다.) 합종을 정하십시오. 다음은 우리 군주이고, 다음은 저입니다."라고 하고, 마침내 전각 위에서 합종을 정했다.

모수가 왼손으로 피가 담긴 쟁반을 잡고 오른손으로 19명을 불러 당 아래에서 피를 바르게 하며 "그대들은 보잘 것 없으니, 말하자면 '남으로 말미암아 일을 이룬다(남의 힘을 빌려 일을 이룬다는 의미)'는 것이다."라고 하였다. 평원군이 이미 합종을 정하고 돌아와 조나라에 이르러서 "나는 감히 다시 천하 선비를 관상 본다고 못하겠다."라고 하고, 마침내 모수를 상객上客으로 삼았다. 이에 초나

- 상객 : 중요한 손님, 상등의 손님

라 왕은 춘신군春申君으로 하여금 군대를 거느리고 조나라를 구원하게 하였다.

《통감절요通鑑節要》〈주기周紀〉 난왕赧王 58년

성어용례

» 주머니 속에 모수의 송곳이 있더라도, 꽃나무 아래를 싸움터로 만들 마음 없다오. [囊中縱有毛錐子 花下無心作戰場] 황준량黃俊良, 〈견회봉기겸중遣懷奉寄謙仲〉

» 초나라 구슬이 나라에 감춰진 것을 이미 알았거늘, 어찌 조나라 주머니에 송곳을 뾰족하게 할까? [楚璧已知藏國器① 趙囊何必穎錐尖②] 황준량黃俊良, 〈차성자경운次成子敬韻〉

① 楚璧已知藏國器 : 완벽完璧 고사를 활용하여 그 재능이 나라의 보배가 될 만한 것이라고 칭찬한 것이다.

② 趙囊何必穎錐尖 : 뛰어난 재능은 저절로 드러나기 마련이라는 뜻을 피력한 것으로, 이 역시 그 재능을 칭찬한 것이다.

10 與世推移[1]

더불 여 세상 세 옮길 추 옮길 이

세상과 함께 옮겨가다

세상의 변화에 따라 함께 변함

유 與世浮沈

앞 이야기 굴원屈原의 이름은 평平이고, 초나라와 같은 성이다. 초나라 회왕懷王의 좌도左徒가 되었으며, 견문이 넓고 기억력이 좋았으며, 치세治世와 난세亂世의 다스림에 밝았다. 응대하는 말을 잘하여 왕이 매우 그를 신임하였다. 상관대부上官大夫 중에 그와 같은 반열에 있는 사람이 총애를 다투어 마음속으로 그의 능력을 시기하여 그를 헐뜯으니, 왕이 노하여 굴평을 멀리하였다.

훗날 진秦나라 소왕昭王이 회왕과 회합하고자 하니, 굴평이 "진나라는 호랑이나 이리와 같은 나라이니, 가지 않는 것만 못합니다."라고 하였다. 그러나 회왕의 어린 아들 자란子蘭이 회왕에게 갈 것을 권하여 결국 회왕은 진나라에서 죽었다. 장자 경양왕頃襄王이 즉위하자, 자란을 영윤令尹(지방의 장관長官)으로 삼았다. 자란이 상관대부로 하여금 왕에게 굴원을 헐뜯게 하니, 왕이 노하여 그를 내쫓아버렸다.

• 左徒 : '좌상左相'과 같은 뜻

原[2]至江濱하여 被髮行吟澤畔할세 顔色憔悴하고 形容枯槁

1 굴원屈原의 〈어부사漁父辭〉에는 더 자세한 이야기가 실려 있다.

2 屈原 : B.C.343?~B.C.278? 전국시대 말기 초楚나라의 귀족으로, 이름은 평平, 자는 원原이다. 남방 문학을 대표하는 초사楚辭의 시형詩形을 처음 이루었고, 회왕懷王을 도와 삼려대부三閭大夫가 되었으나, 소인들의 무고로 두 번이나 추방되어 강남을 떠돌다 멱라수汨羅水에 몸을 던져 죽었다.

濱 물가 빈　被 입을 피 ; 흐트러뜨리다　髮 터럭 발　澤 못 택　畔 밭두둑 반 ; 물가
憔 파리할 초　悴 파리할 췌　枯 마를 고　槁 마를 고

CV13290

非A歟 : A가 아닌가?
何故A
: 무슨 까닭으로 A하는가?
見A : A하게 되어지다

라 漁父問曰 子非三閭大夫[1]歟아 何故至此오하니 原曰 擧世混濁[2]이어늘 而我獨淸하고 衆人皆醉어늘 而我獨醒이라 是以見放이라하다

굴원이 강가에 이르러 머리를 풀어헤치고 연못가에서 다니며 시를 읊었다. 안색이 초췌하고 모습이 말라 있었다. 어부가 "그대는 삼려대부三閭大夫가 아닙니까? 무슨 까닭으로 여기에 이르셨습니까?"라고 물으니, 굴원이 "온 세상이 흐린데 나만 깨끗하고, 온 세상 사람이 다 취해 있는데 나만 깨어 있소. 이 때문에 쫓겨났소."라고 하였다.

何不A : 어찌 A하지 않는가?
何故A爲
: 무슨 까닭으로 A하는가?

漁父曰 夫聖人은 不凝滯於物하고 而能與世推移라 擧世混濁이면 何不隨其流而揚其波하며 衆人皆醉면 何不餔其糟而啜其釃오 何故懷瑾握瑜하고 而自令見放爲오하다

어부가 "무릇 성인은 사물에 걸리거나 막히지 않고 세상과 더불어 옮겨갑니다. 온 세상이 흐리다면, 어찌 그 흐름을 따라서 그 물결을 일으켜 흐리게 하지 않으셨습니까? 온 세상 사람이 다 취했다면, 어찌 그 술지게미를 먹고 그 맛없는 술이라도 마시지 않으셨습니까? 무슨 까닭으로 보물을 품고 보물을 쥐고서도 스스로 쫓겨나게 하셨습니까?"라고 하였다.

---

1 三閭大夫 : 초楚나라의 왕족인 소씨昭氏·굴씨屈氏·경씨景氏 삼가三家를 단속하는 장관이다.

2 擧世混濁 : 《초사楚辭》에는 '거세개탁擧世皆濁'으로 되어 있다. 지위의 높고 낮음을 막론하고 모든 사람이 바르지 않다는 의미의 성어로 쓰인다.

閭 마을 려　歟 어조사 여　擧 들 거 ; 모두　濁 흐릴 탁　醉 취할 취　醒 깰 성　凝 엉길 응
滯 막힐 체　隨 따를 수　餔 저녁밥 포　糟 지게미 조　啜 먹을 철　釃 삼삼한 술 리　懷 품을 회
瑾 아름다운 옥 근　握 쥘 악 ; 작을 옥　瑜 아름다운 옥 유　沐 머리 감을 목　彈 탄알 탄　冠 갓 관
振 떨칠 진

原曰 吾聞之하니 新沐者는 必彈冠하고 新浴者는 必振衣라 誰能以身之察察로 受物之汶汶者乎아 寧赴湘流[1]하여 而葬乎江魚腹中耳언정 又安能以皓皓之白으로 而蒙世之塵埃乎아하고 乃作懷沙之賦[2]하고 懷石自投汨羅[3]以死라 後百餘年에 賈生[4]爲長沙王太傅하여 過湘水라가 投書以弔之하니라

誰A乎 : 누가 A하는가?
安A乎 : 어찌 A하겠는가?
A以B : A해서 B하다

굴원이 "나는 '새로 머리 감은 사람은 반드시 갓을 털어서 쓰고, 새로 목욕한 사람은 반드시 옷을 털어서 입는다'고 들었소. 누가 자기 몸의 깨끗함으로써 사물의 더러운 것을 받을 수 있겠소? 차라리 상강湘江에 가서 강고기의 뱃속에 장사 지낼지언정, 또 어찌 희디흰 깨끗함으로 세상의 티끌을 뒤집어쓸 수 있겠소?"라고 하고, 마침내 〈회사지부懷沙之賦〉를 짓고, 돌을 품고서 스스로 멱라수汨羅水에 투신하여 죽었다.

뒤 100여 년이 지나 가의賈誼가 장사왕長沙王의 태부太傅가 되어 상수를 지나가다가 강에 글을 던져서 그를 조문하였다. 《몽구蒙求》

1 湘流 : 상강湘江으로, 광서성廣西省에서 발원하여 호남성湖南省으로 유입되어 동정호洞庭湖에 이른다.

2 懷沙之賦 : '돌과 모래를 안고 빠진다'는 노래로, 《사기》에 실려 있다.

3 汨羅 : 멱라수로, 호남성湖南省 상음현湘陰縣의 북쪽에 있는 강으로, 서쪽으로 흘러 상강湘江으로 들어간다.

4 賈生 : 가의賈誼(B.C.200~B.C.168)로, 전한前漢 사람이다. 문제文帝의 총애를 받아 약관의 나이로 최연소 박사가 되었으나, 주발周勃과 관영灌嬰 등 당시 고관들의 시기를 받아 장사왕長沙王의 태부太傅로 좌천되었다. 〈조굴원부弔屈原賦〉를 지었으며, 가태부賈太傅·가장사賈長史·가생賈生으로도 불린다.

察 살필 찰 ; 깨끗하다　汶 물이름 문 ; 더럽다　寧 편안할 녕 ; 차라리　赴 다다를 부　湘 강 이름 상
安 편안할 안 ; 어찌　葬 장사지낼 장　腹 배 복　皓 흴 호　蒙 어릴 몽 ; 뒤집어쓰다　塵 티끌 진
埃 티끌 애　沙 모래 사　賦 부세 부 ; 문체 이름　汨 골몰할 골 ; 물 이름 멱　羅 그물 라
賈 장사 고 ; 성 가　傅 스승 부　弔 위로할 조

성어용례

» 택반객 찾아가는 길, 홀로 술 깬 그 마음을 한번 물어보려오. [行尋澤畔客① 一問獨醒心]

장유張維, 〈왕춘성도간구호往春城途間口號〉

① 澤畔客 : 조정에서 쫓겨나 실의失意의 나날을 보내는 사람이라는 뜻이다.

» 다만 오활한 광기로 물의를 일으켰으니, 지금부턴 내 물결 따르는 걸 배우고 싶네. [直以迂狂招物議 從今我欲學隨波]

서거정徐居正, 〈재화再和〉

[그림 9] 굴원屈原

[그림 10] 가의賈誼

11 傍若無人

곁 방 같을 약 없을 무 사람 인

곁에 사람이 없는 듯하다

주위에 있는 다른 사람을 전혀 의식하지 않고 제멋대로 행동함

유 眼中無人 眼下無人 傲岸不遜 傲慢不遜 輕擧妄動

荊軻者는 衛人也니 其先乃齊人이라 徙於衛에 衛人謂之慶卿하고 而之燕에 燕人謂之荊卿이라 …… 荊軻旣至燕하여 愛燕之狗屠及善擊筑者高漸離라

A謂之B : A를 B라 말하다

형가荊軻는 위衛나라 사람이다. 그의 선조는 바로 제齊나라 사람이었는데, 위나라로 옮겨가니 위나라 사람들이 그를 '경경慶卿'이라 불렀고, 연燕나라로 가니 연나라 사람들이 그를 '형경荊卿'이라 불렀다. …… 형가가 연나라에 이른 뒤에, 연나라의 개를 도축하는 백정과 축筑을 잘 타는 고점리高漸離와 친해졌다.

荊軻嗜酒하여 日與狗屠及高漸離飮於燕市라 酒酣以往이면 高漸離擊筑하고 荊軻和而歌於市中하며 相樂也라 已而[1]相泣하여 旁若無人者라

A及B : A와 B
若A : A처럼하다

1 已而 : '얼마 뒤'의 의미로 약간의 시간이 흐름을 뜻한다.

荊 가시나무 형 軻 수레 가 徙 옮길 사 卿 벼슬 경 燕 제비 연 ; 연나라
狗 개 구 屠 죽일 도 ; 백정 及 미칠 급 ; 및 擊 칠 격 筑 악기이름 축 ; 거문고와 비슷한 악기
漸 점점 점 離 떠날 리 嗜 즐길 기 酣 흥겨울 감 ; 술자리가 무르익다

CV13292

형가는 술을 즐겨서 날마다 개백정과 고점리와 연나라 시장에서 술을 마셨다. 술자리가 무르익으면 고점리는 축을 연주하고 형가는 화답하여 시장에서 노래하며 서로 즐겼다. 그러다 조금 지나 서로 울기도 하면서 곁에 사람이 없는 듯했다.

荊軻雖游於酒人乎[1]나 然其爲人이 沈深好書하여 其所游諸侯는 盡與其賢豪長者[2]相結이라 其之燕에 燕之處士[3]田光[4]先生이 亦善待之하니 知其非庸人也라

형가가 비록 술을 잘 마시는 사람들과 어울리기는 했지만, 그 사람됨은 침착하고 생각이 깊으며 책을 좋아하여 그가 교유한 제후들은 다 어질고 호걸스러운 장자들로, 그들과 교분을 맺었다. 그가 연나라에 가니, 연나라의 처사인 전광田光선생이 또한 그를 잘 대접해주었는데, 그가 보통 사람이 아님을 알았기 때문이다. 《사기史記》〈자객열전刺客列傳〉

성어용례

» 응당 옛날의 뜻을 되새겨 요갈 노래를 읊고, 슬픈 노래를 부르며 조연에서 술에 취하진 말라. [應將古意吟遼碣① 莫逐悲歌醉趙燕②] 최립崔岦, 〈송서장관김지평送書狀官金持平〉

① 遼碣 : 요동遼東지역과 발해渤海 인근 갈석碣石지역의 병칭인데, 일찍이 진 시황秦始皇이 순수巡狩하다가 갈석에 이르러 바위에다 공을 새긴 고사가 유명하다.

② 趙燕 : 조나라와 연나라 땅에는 예로부터 비분강개悲憤慷慨하는 사람이 많았다.

1 乎 : 휴지休止의 역할을 한다.

2 長者 : 덕망이 있는 노성한 사람.

3 處士 : 벼슬하지 않고 민간에 있는 선비.

4 田光 : ?~B.C.227. 전국시대 연燕나라 사람으로, 절조와 의협義俠으로 자부했다. 연나라의 태자太子 단丹이 그가 어질다는 소문을 듣고 찾아와 진시황에게 원수를 갚을 일을 모의했는데, 자신이 늙은 것을 통탄하면서 형가를 소개시켜 주었다. 출발에 앞서 태자 단이 "이 일은 나라의 중대한 일이니 선생은 누설해서는 안 됩니다.[國之大事 願先生勿泄]"라고 말하자, 그 자리에서 목을 찔러 죽어 뜻을 분명하게 밝혔다.

旁 곁 방　游 헤엄칠 유 ; 놀다　沈 잠길 침　豪 호걸 호　庸 떳떳할 용 ; 평범하다

12 門前雀羅

문문 앞전 참새작 그물칠라

문 앞에 참새 그물을 치다

권세가 약해지면 방문객들이 끊어진다는 것으로, 염량세태炎涼世態를 의미함

유 門外可設雀羅 翟公署門 門前羅雀

반 門前成市 門庭若市

夫以汲[1]鄭[2]之賢으로도 有勢則賓客十倍나 無勢則否어든 況衆人乎아 下邽翟公有言이라

況A乎
: 하물며 A에 있어서랴?

무릇 급암汲黯·정당시鄭當時 같이 어진 사람도 권세가 있으면 빈객이 10배가 되었다가 권세가 없으면 그렇지 못하니, 하물며 일반 사람에 있어서랴? 하규下邽의 적공翟公이 한 말이 있다.

始翟公爲廷尉[3]에 賓客闐門이러니 及廢에 門外可設雀羅라 翟公復爲廷尉어든 賓客欲往한대 翟公乃大署其門曰 一死

1 汲 : 급암汲黯으로, 전한前漢 사람이다. 사람 됨됨이가 충간忠諫을 좋아하고 정쟁廷諍을 거침없이 제기했는데, 무제武帝가 속으로는 욕심이 많았지만 겉으로 인의仁義를 많이 베푼 것도 그의 힘이 컸다. 무제는 그를 두고 '사직社稷을 지탱하는 신하'라 칭송했다.

2 鄭 : 정당시鄭當時로, 전한前漢 사람이다. 의협義俠으로 자부하고 사람됨이 청렴하며 행동이 깨끗했다.

3 廷尉 : 진秦나라 때부터 형벌을 맡아보던 벼슬로, 구경九卿의 하나였는데, 나중에 대리大理로 고쳤다.

汲 길을 급 鄭 나라 정 倍 곱 배 況 상황 황; 하물며 邽 고을 이름 규
翟 꿩 적 廷 조정 정 尉 벼슬 위 闐 성할 전; 가득 차다 廢 폐할 폐

CV13294

一生에 乃知交情이요 一貧一富에 乃知交態요 一貴一賤에 交情乃見(현)이라하다

처음 적공이 정위廷尉가 되었을 때, 손님이 문에 가득 찼는데 벼슬에서 물러나자 〈손님이 오지 않아〉 문밖에 참새 그물을 설치할 수 있을 정도였다. 그러다 적공이 다시 정위가 되자, 손님들이 왕래하려고 하니, 적공이 마침내 그 문에 크게 쓰기를 "한 번 죽고 한 번 사는 것으로 마침내 사귀는 정을 알게 되고, 한 번 가난하고 한 번 부유해짐으로 마침내 사귀는 태도를 알게 되며, 한 번 귀해지고 한 번 천해짐으로 사귀는 정이 마침내 드러난다."라고 하였다.

《사기史記》〈급정열전汲鄭列傳〉

성어용례

» 적공은 예전 빈객 한스럽게 생각하여, 절교하는 글을 대문에 써 붙였네.
[翟公恨舊客 書門以告絶] 장유張維, 〈삭거방언索居放言〉

» 사람 발길 끊긴 처마엔 거미줄 휘감겼고, 말발굽 소리 끊긴 대문엔 참새 그물 칠 정도라네.
[蛛網簷前人迹絶 雀羅門外馬蹄稀] 성문준成文濬, 〈용월사운각기월사用月沙韻却寄月沙〉

復 다시 부　署 마을 서; 쓰다　態 모습 태　賤 천할 천　見 볼 견; (=現)나타날 현

13 畵龍點睛[1]

그릴 화 용 룡 찍을 점 눈동자 정

용을 그리고 눈동자를 찍다

가장 중요한 부분을 마무리하여 완성시킴, 문장 또는 사물에 작은 첨가를 하여 전체를 더욱 돋보이게 함

㊌ 點睛

張僧繇[2]于金陵安樂寺에 畫四龍于壁하고 不點睛이라 每曰點之하면 卽飛去라하니 人以爲誑이어늘 因點其一하니 須臾[3]雷電破壁하고 一龍乘雲上天이오 未點睛者는 皆在라

> A以爲B : A를 B라고 여기다
> 未A : 아직 A하지 않다

장승요張僧繇가 금릉金陵의 안락사安樂寺에서 네 마리의 용을 벽에 그렸는데, 눈동자는 찍지 않았다. 〈다른 사람들이 그 이유를 물어보면〉 항상 "그곳에 점을 찍으면 날아가 버릴 것이오."라고 하니, 사람들은 거짓말이라 생각하였다. 그리하여 그중 한 마리에 점을 찍었더니, 잠시 뒤에 천둥과 번개가 벽을 부수었고, 한 마리 용이 구름을 타고 하늘로 올라갔다. 아직 눈동자에 점을 찍지 않은 용은 모두 남아 있었다. 《역대명화기歷代名畫記》

1 비슷한 이야기가 《강남통지江南通志》에 더 자세히 실려 있다.

2 張僧繇 : 남조南朝 양梁나라 사람으로, 자는 경유景猷, 호는 오원吾園, 취명거사醉瞑居士이다. 일찍이 궁정의 비각秘閣에서 그림을 관장했다. 양무제가 불교를 장려하면서 사찰을 짓고 탑묘塔廟를 장식했을 때, 장식화를 그리게 했다.

3 須臾 : 잠시.

誑 속일 광　張 베풀 장　僧 중 승　繇 역사 요　陵 언덕 릉　壁 벽 벽　誑 속일 광
臾 잠깐 유　雷 우레 뢰

CV13295

성어용례

» 도사가 명을 받들고서 풍백을 불러들였으니, 눈동자에 점 찍어서 용을 깨울 필요 없네. [眞官錦誥詔風伯 不待點睛催龍公]

이식李植, 〈비자입해가飛字入海歌〉

» 양나라 장승요는 그림을 잘 그린다고 명성이 있었다. [梁張僧繇以善畫名]

김안로金安老, 〈용천담적기龍泉談寂記〉

» 선생의 지조는 유독 굳건하신데, 집이 바다에 가까워 뜬 부평초 같네. 묘계는 향을 사르니 《주역》의 이치가 깊고, 정신은 먹에 드러나니 화룡의 기운이 신령스럽네. [先生志操獨藏冥 家近滄溟泛似萍 妙契焚香周易邃 精神潑墨畫龍靈]

이덕무李德懋, 〈차하목정벽상운次霞鶩亭壁上韻〉

14 塞翁之馬

변방 새 늙은이 옹 어조사 지 말 마

변방 늙은이의 말

인생의 길흉화복은 변화가 많아 헤아릴 수가 없음

㉮ 塞翁馬 北翁馬 塞翁得失 塞翁禍福
禍福糾纆 反禍爲福 轉禍爲福 黑牛生白犢

夫禍福之轉而相生이니 其變難見也라 近塞(새)上之人에 有善術者라 馬無故亡而入胡하니 人皆弔之한대 其父曰 此何遽不爲福乎아하고

A之B : A가 B하다
何不A乎
: 어찌 A하지 않겠는가?

무릇 재앙과 복은 변하면서 서로 생겨나니, 그 변화는 알기가 어렵다. 변방 근처에 사는 사람 중에 학문에 뛰어난 사람이 있었다. 말이 까닭 없이 도망하여 오랑캐 땅으로 들어가니, 사람들이 모두 그를 위로하였는데, 그 아버지는 "이것이 어찌 갑자기 복이 되지 않겠는가?"라고 하였다.

居數月에 其馬將胡駿馬而歸하니 人皆賀之한대 其父曰 此何遽不爲禍乎아하다

몇 개월이 지나자, 그 말이 오랑캐 땅의 준마를 데리고 돌아오니 사람들이 모두 그것을 축하하였는데, 그 아버지는 "이것이 어찌 갑자기 재앙이 되지 않겠는가?"라고 하였다.

禍 재앙 화 轉 구를 전 ; 변하다 術 재주 술 ; 학문 故 연고 고 ; 까닭
胡 오랑캐 호 遽 갑자기 거 駿 준마 준

CV13296

家富良馬하니 其子好騎하여 墮而折其髀어늘 人皆弔之한대 其父曰 此何遽不爲福乎아하고 居一年에 胡人大入塞하니 丁壯者引弦而戰이라

집에 좋은 말들이 많아지자, 그의 아들이 말타기를 좋아하여 〈준마를 타다가〉 떨어져 다리가 부러졌다. 그러자 사람들이 모두 그것을 위로하였는데, 그 아버지는 "이것이 어찌 갑자기 복이 되지 않겠는가?"라고 하였다. 1년 있다가 오랑캐가 대거 변방을 침입해 오자, 장정들은 활을 당겨 싸웠다.

以A之故 : A 때문에
不可A : A할 수 없다

近塞之人이 死者十九로되 此獨以跛之故로 父子相保라 故福之爲禍하고 禍之爲福하니 化不可極이요 深不可測也라

변방 근처에 사는 사람 중에 죽은 자가 열에 아홉이었는데, 이 아들만 홀로 절름발이라는 이유 때문에 〈싸움에 나가지 않아〉 부자가 서로 무사했다. 그러므로 복이 재앙이 되고 재앙이 복이 되니, 그 변화는 무궁하고, 깊이는 헤아릴 수가 없다.

《회남자淮南子》〈인간훈人間訓〉

성어용례

» 말을 얻는 것도 물거품 위의 그림자요, 양을 잃는 것도 부싯돌의 불꽃이로다. [得馬浮漚影 亡羊石火星]

윤선도尹善道, 〈차운수동명次韻酬東溟〉

騎 말 탈 기 墮 떨어질 타 折 꺾을 절 髀 넓적다리 비 弦 활시위 현 跛 절름발이 파 極 다할 극 測 헤아릴 측

2부

형세形勢
간언諫言
언변言辯
술책術策
용인用人
지략智略

15 日暮途遠

날일 저물모 길도 멀원

날은 저무는데 갈 길은 멀다

시간은 얼마 없는데 할 일은 많음

유 日暮途窮

以AB : A로써 B하다
A之B也 : A가 B할 때
謂A曰B : A에게 B라 말하다

伍子胥者는 楚人也니 名員이라 員父曰伍奢요 員兄曰伍尙이요 其先曰伍擧니 以直諫事楚莊王하여 有顯이라 故其後世有名於楚라 …… 始伍員與申包胥爲交러니 員之亡也에 謂包胥曰 我必覆楚하리라하니 包胥曰 我必存之라하다

오자서伍子胥는 초나라 사람으로 이름은 원員이다. 오원의 아버지는 오사伍奢이며, 형은 오상伍尙이다. 그의 선조는 오거伍擧인데, 정직하게 간하면서 초나라 장왕莊王을 섬겨 이름이 났다. 그러므로 그 후손은 대대로 초나라에 이름이 알려지게 되었다. …… 일찍이 오원은 신포서申包胥와 사귀었는데, 오원이 달아날 때 포서에게 "나는 반드시 초나라를 뒤엎을 것이다."라고 하니, 포서는 "나는 반드시 초나라를 존속시킬 것이다."라고 하였다.

旣A 乃B
: A하자 곧 B하다

及吳兵入郢에 伍子胥求昭王[1]이 旣不得이라 乃掘楚平王[2]

1 昭王 : 춘추시대 말 초楚나라의 왕으로, 웅씨熊氏이고, 이름은 진珍이며, 평왕平王의 아들이다.

2 楚平王 : 오원의 아버지와 형을 죽인 왕이다.

CV13298

伍 다섯 사람 오 胥 서로 서 員 인원 원 莊 씩씩할 장 顯 나타날 현 包 쌀 포 覆 엎을 복 掘 팔 굴

墓하여 出其尸하여 鞭之三百然後已하니라

오나라 군대가 〈초나라 수도인〉 영郢에 들어갔을 때, 오자서가 소왕昭王을 찾았으나, 찾을 수가 없었다. 마침내 초나라 평왕平王의 무덤을 파서 그 시체를 꺼내어 3백 번이나 채찍질한 뒤에 그쳤다.

申包胥亡於山中이라가 使人謂子胥曰 子之報讐는 其以甚乎인저 吾聞之하니 人衆者勝天이나 天定亦能破人이라하니 今子故平王之臣으로 親北面[1]而事之라가 今至於僇死人[2]하니 此豈其無天道之極乎[3]아하니 伍子胥曰 爲我謝申包胥曰 吾日莫途遠이라 吾故倒行而逆施之[4]라하니라

使AB : A에게 B하게 하다
其A乎 : 아마 A일 것이다
豈A乎 : 어찌 A하겠는가?

신포서는 산으로 도망갔다가 사람을 시켜 오자서에게 "그대가 원수를 갚는 것이 너무 심한 것 같다. 내가 들으니, '사람이 많으면 하늘을 이기나, 하늘의 뜻이 정해지면 또한 사람을 무너뜨릴 수 있다'고 한다. 지금 그대는 옛날 평왕의 신하로 친히 북쪽을 바라보고서 그를 섬겼는데, 지금 죽은 사람에게 치욕을 주기에 이르렀으니, 어찌 천도天道의 지극한 응보가 없겠는가?"라고 말하게 하니, 오자서가 "나를 대신하여 신포서에게 사과하여 말해라. '나는 날은 저무는데 길은 멀어 천도에 거꾸로 행하고 천도를 거슬러서 그것을 시행

1 北面 : 북쪽을 바라보는 것으로, 신하로서 임금을 섬기는 것을 말한다.

2 今子故平王之臣 …… 今至於僇死人 : 오자서는 아버지와 형과 함께 평왕을 섬겼으나, 아버지와 형이 처형되자 오나라에서 공을 세워 초나라를 공격하여 원수를 갚은 것이다.

3 此豈其無天道之極乎 : 하늘의 뜻이 정해져서 사람을 무너뜨릴 수 있다는 의미이다.

4 倒行而逆施之 : 순리와 정도에서 벗어나 일을 억지로 강행한다는 의미의 '도행역시倒行逆施'가 여기서 유래하였다. 같은 의미로 '도행폭시倒行暴施'가 있다.

尸 주검 시　鞭 채찍질할 편　讐 원수 수　以 써 이 ; 너무　僇 욕보일 륙 ; 치욕　豈 어찌 기
倒 넘어질 도 ; 거꾸로 하다

한다.'"라고 하였다.

於是에 申包胥走秦告急하고 求救於秦하나 秦不許라

이에 신포서는 진秦나라에 달려가서 위급함을 알리고 진나라에 구원을 요구했으나, 진나라는 허락하지 않았다.

뒷 이야기 신포서는 진나라 조정에 서서 밤낮으로 울었다. 7일 밤낮 울음소리가 끊어지지 않자, 진나라 애공哀公이 그를 불쌍히 여겨 "초나라가 비록 도가 없기는 하지만 이러한 신하가 있으니, 존속시키지 않을 수 있겠는가?"라고 하고, 마침내 병거兵車 5백 승을 보내어 초나라를 구원하고 오나라를 치게 했다.

《사기史記》〈오자서열전伍子胥列傳〉

성어용례

» 날은 저물고 길은 멀기만 하니, 누가 저의 슬픔을 알 수 있겠습니까? [日暮途遠 孰知余悲] 이현일李玄逸, 〈제문祭文〉

» 거꾸로 행하고 거슬러서 시행하니 끝내 무엇을 하리오? 일찍 물러남은 낮에 비단옷을 입은 것보다 낫다네. [倒行逆施終何爲 早退賢乎衣錦晝] 민사평閔思平, 〈유감有感〉

[그림 11] 오자서 伍子胥

16 脣亡齒寒

입술순 없을망 이치 찰한

입술이 없어지면 이가 시리다

가까운 사이의 한쪽이 망하면 다른 한쪽도 위태롭게 됨, 서로 떨어질 수 없는 밀접한 관계

유 假道滅虢 孤掌難鳴 獨不將軍 輔車相依 脣齒輔車 脣齒之國 鳥之兩翼

晉侯復假道於虞하여 以伐虢이어늘 宮之奇諫曰 虢은 虞之表也니 虢亡하면 虞必從之리이다 晉不可啓요 寇不可翫이니 一之謂甚이어늘 其可再乎잇가 諺所謂輔[1]車相依하고 脣亡齒寒者는 其虞虢之謂也니이다하니 公曰 晉은 吾宗也니 豈害我哉리오하다 …… 弗聽하고 許晉使하니라

A之謂B
: A를 B라고 생각하다
其可A乎
: 어찌 A할 수 있겠는가?
所謂A者 : A라고 하는 것

진후晉侯(헌공獻公)가 우虞나라에게 다시 길을 빌려서 괵虢나라를 정벌하려고 하였다. 그러자 궁지기宮之奇가 "괵나라는 우나라의 겉입니다. 괵나라가 망하면 우나라도 반드시 따라 망할 것입니다. 진晉나라에 길을 열어주어서도 안 되고, 적을 가벼이 보아서도 안 됩니다. 한 번 길을 빌려준 것도 심하다고 생각하는데, 어찌 다시 빌려줄 수 있겠습니까? 속담에 이른바 '바퀴덧방나무와

1 輔 : 바퀴덧방나무로, 수레에 무거운 짐을 실을 때 바퀴에 묶어 바퀴를 튼튼하게 하는 나무이다.

晉 진나라 진 虞 나라 이름 우 虢 범 발톱 자국 괵 ; 나라이름 宮 집 궁
奇 기특할 기 啓 열 계 寇 도적 구 翫 희롱할 완 ; 보고 즐기다 其 그 기 ; (=豈)어찌
諺 속담 언 輔 도울 보 ; 바퀴덧방나무 豈 어찌 기 弗 아닐 불

CV13301

수레는 서로 의지하며, 입술이 없어지면 이가 시리다'라고 한 것은 아마 우나라와 괵나라를 말하는 것일 것입니다."라고 간하니, 우나라의 왕이 "진나라는 우리 종씨인 희씨姬氏인데, 어찌 우리를 해치겠는가?"라고 하였다. …… 궁지기의 말을 듣지 않고, 진나라 사자에게 길을 허락하였다.

宮之奇以其族行하며 曰 虞不臘[1]라 在此行也니 晉不更擧矣리라하다 …… 冬十二月丙子朔에 晉滅虢하니 虢公醜奔京師[2]라 師還이라가 館于虞하고 遂襲虞하여 滅之라

궁지기는 그 가족을 거느리고 떠나면서 "우나라는 납제臘祭를 지내지 못할 것이다. 〈우나라의 멸망은〉 이번 행차에 있을 것이니, 진나라는 다시 군대를 움직이지 않을 것이다."라고 하였다. …… 겨울 12월 병자일 초하루에, 진나라는 괵나라를 멸하였고, 괵공인 추醜는 도성으로 달아났다. 진나라의 군대는 돌아가다가 우나라에 머물렀고, 마침내 우나라를 습격하여 우나라를 멸망시켰다.

《춘추좌씨전春秋左氏傳》 희공僖公 5년

성어용례

» 조칙詔勅 반포하러 멀리 오신 사절使節이여, 순망치한이니 좋은 계책을 내야지요. [綸綍遐宣須大价 輔車相倚要良圖] 이식李植, 〈대이승지증정부총代李承旨贈程副摠〉

1 臘 : 12월 동지 이후 세 번째 술일戌日에 백신百神에게 지내는 제사이다. 납제를 지내지 못한다는 것은 망한다는 의미이다.

2 京師 : 수도.

以 써 이 ; 거느리다 朔 초하루 삭 滅 멸할 멸 館 집 관 ; 묵다 襲 엄습할 습

17 背水之陣

등배 물수 어조사지 진진

물을 등진 진

어떤 일에 결사적인 각오로 임함

유 破釜沈船 棄糧沈船 捨糧沈船 濟河焚舟

諸將問信曰 兵法에 右倍山陵하고 前左水澤[1]이어늘 今者將軍令臣等으로 反背水陣以勝은 何也오하니 信曰 此在兵法이로되 顧諸君不察耳라 兵法不曰 陷之死地而後生하고 置之亡地而後存乎[2]아 且信非得素拊循士大夫[3]也라 此所謂驅市人而戰이니 予之生地하면 皆走리니 寧得而用之乎아하니 諸將皆服이라

令AB : A에게 B하게 하다
A何也 : A는 어째서인가?
顧A耳 : 오직 A일 뿐이다
不曰A乎 : A라 말하지 않았는가?
寧A乎 : 어찌 A하겠는가?

여러 장수들이 한신韓信에게 묻기를 "병법에는 '산과 구릉을 오른쪽과 뒤에 두고, 물과 연못을 앞과 왼쪽에 두라'고 하였습니다. 그런데 지금 장군께서 저희들에게 도리어 배수진을 치게 했는데도 이긴 것은 무엇 때문입니까?"라고

1 前左水澤 : 《손자병법孫子兵法》에 "평평한 육지에 주둔할 때는 평평한 곳에 처하여야 한다. 오른쪽과 뒤가 높아야 하고 앞은 죽을 수 있는 낮은 곳이어야 하고 뒤는 살 수 있는 높은 곳이어야 한다. 이것이 평평한 육지에 처한 군대의 용병법이다.[平陸處易 而右背高 前死後生 此處平陸之軍也]"라고 되어 있다.

2 置之亡地而後存乎 : 《손자병법》에는 "投之亡地然後存 陷之死地然後生"이라고 되어 있다.

3 大夫 : 군관軍官.

澤 못 택　顧 돌아볼 고 ; 다만　陷 빠질 함　置 둘 치　素 본디 소
拊 어루만질 부　循 돌 순 ; 어루만지다　驅 몰 구　予(=余) 나 여　寧 편안할 녕 ; 어찌

CV13303

하니, 한신이 "이것도 병법에 있는데, 다만 그대들이 살피지 못했을 뿐이다. 병법에서는 '죽을 땅에 그들을 빠트린 뒤에 살고, 망할 곳에 그들을 둔 뒤에 생존한다'라고 하지 않았던가? 게다가 나는 평소에 어루만져 복종시킨 군사와 군관軍官을 얻은 것이 아니다. 이것은 말하자면 시장 사람들을 몰아서 싸운 것이다. 그들에게 살 곳을 주면 모두 달아날 것이니, 어찌 그들을 쓸 수 있겠는가?"라고 하였다. 여러 장수들이 모두 탄복하였다.

《통감절요通鑑節要》〈한기漢紀〉 고조高祖 1년

성어용례

» 한신의 군대 깃발이 푸른 강을 등지니, 제나라 성과 조나라 벽이 한꺼번에 항복했네. [韓信旌旗背碧江 齊城趙壁一時降]

이인로李仁老, 〈하신급제賀新及第〉

18 口尙乳臭

입구 아직도상 젖유 냄새취

입에서 여전히 젖 냄새가 나다

말이나 하는 짓이 유치함

(유) 黃口乳臭

漢王이 使酈(역)食(이)其[1]로 緩頰[2]往說魏王豹하고 且召之로되 豹不聽이라 於是漢王이 以韓信灌嬰[3]曹參[4]으로 俱擊魏하고 漢王問食其호대 魏大將誰也오하니 對曰 柏直이니이다 王曰 是口尙乳臭니 安能當韓信이리오 騎將誰也오하니 曰 馮敬[5]이니이다 曰 是秦將馮無擇子也라 雖賢이나 不能當灌嬰이리라 步卒將誰也오하니 曰 項它니이다 曰 不能當曹參이니 吾無患

使AB : A에게 B하게 하다
以AB : A로써 B하다
A誰也 : A는 누구인가?
安能A : 어찌 A할 수 있는가?

1 酈食其 : ?~B.C.204. 전한前漢 초기 고양高陽 사람으로, 유방劉邦을 위해 계책을 내어 진류를 함락시킨 뒤 광야군廣野君으로 불렸다. 한왕漢王의 세객說客이 되어 제후들에게 사신을 다녔다.

2 緩頰 : 비유를 써가며 느릿느릿 조용히 이야기함.

3 灌嬰 : ?~B.C.176. 제齊를 평정하고, 항적項籍을 죽였으며, 영음후潁陰侯에 봉해졌다. 여후呂后가 죽은 뒤 주발周勃, 진평陳平 등과 함께 여씨 일족을 주살했다.

4 曹參 : ?~B.C.190. 한漢나라 혜제惠帝 때 소하蕭何를 이어 정승이 되었는데, 소하가 정해 놓은 법규를 잘 준수하여 정책의 일관성을 유지하였다.

5 馮敬 : 진秦나라의 장군 풍무택의 아들이며, 충직하고 용감하여 명성을 떨쳤다.

酈 땅 이름 력　食 사람이름 이　緩 느슨할 완　頰 뺨 협　魏 나라 이름 위　豹 표범 표
召 부를 소　灌 물 댈 관　嬰 어린아이 영　曹 무리 조　擊 칠 격　柏 잣 백
馮 업신여길 빙 ; 성씨 풍　擇 가릴 택　項 항목 항　它 뱀 사 ; 다를 타

CV13306

矣라하다

한漢나라 왕[고조高祖]이 역이기酈食其로 하여금 좋은 비유로 위魏나라 왕 표豹에게 가서 설득하게 하고 또 그를 불렀으나, 표는 듣지 않았다. 이에 한나라 왕이 한신韓信, 관영灌嬰, 조참曹參으로 함께 위나라를 공격하게 했는데, 한나라 왕이 역이기에게 "위나라 대장은 누구인가?"라고 물으니, "백직柏直입니다."라고 대답하였다. 왕이 "이 사람은 입에서 여전히 젖 냄새가 나니, 어찌 한신을 감당할 수 있겠는가? 기병의 장수는 누구인가?"라고 하니, "풍경馮敬입니다."라고 대답하였다. "이 사람은 진秦나라 장수 풍무택馮無擇의 아들이다. 비록 어질기는 하지만 관영을 감당할 수 없을 것이다. 보병의 장수는 누구인가?"라고 하니, "항타項它입니다"라고 대답하였다. "조참을 감당할 수 없을 것이니, 나는 근심할 것이 없다."라고 말하였다. 《사기史記》〈고조본기高祖本紀〉

성어용례

» 성인의 문에는 여전히 구상유취일 뿐인데, 벼슬길은 오히려 한심하기만 하네. [聖門猶乳臭 宦路尚心寒] 이색李穡, 〈자영自詠〉

» 그러나 고려 말에는 과거 시험이 공평하지 않아 급제한 자들이 대부분 권세가의 자제들로 젖내가 가시지 않은 아이들이었으므로, 당시 사람들은 이를 분홍방粉紅榜이라고 지목하고 마음이 격분하여 침욕侵辱하기 시작하였다 합니다. [但聞麗末 科擧不公 登第者多貴家子弟 口尙乳臭者 故時人目之曰 粉紅榜① 人情憤激遂肇侵辱云]

이이李珥, 《석담일기石潭日記》 선조 2년

① 但聞麗末~粉紅榜 : 합격한 권세가의 자제 중에 분홍 옷을 입은 아이가 많았기 때문에 붙인 이름이다.

19 國士無雙

나라국 선비 사 없을 무 둘 쌍

국사로서 둘도 없다

매우 뛰어난 인재人材

(유) 泰山北斗 棟樑之器 古今無雙

(앞 이야기) 항량項梁이 회수淮水를 건너오자, 한신韓信은 칼을 잡고 그를 따라 휘하에 있었다. 항량이 패하자, 또 항우項羽에게 소속되었는데, 항우는 그를 낭중郎中으로 삼았다. 자주 계책을 가지고 항우에게 간여干與했으나 항우는 쓰지 않았다. 한漢나라 왕 유방劉邦이 촉蜀나라에 들어오자, 한신은 초나라에서 도망하여 한나라에 귀순했으나 이름이 알려지지 않았으며, 연오連敖가 되었다.

법을 어겨 참형을 당하게 되자, 등공滕公을 보고 "왕께서는 천하의 통일을 이루고자 하지 않으십니까? 어찌하여 장사를 베십니까?"라고 하니, 그의 모습을 장하게 여기고서 풀어주고 죽이지 않았다. 함께 이야기해보고 크게 기뻐하여 왕에게 말하였다. 왕은 벼슬을 주어 치속도위治粟都尉로 삼았으나, 아직 그를 특별하게 여기지는 않았다.

- **항량**: 항우項羽의 숙부.
- **항우**: 진秦나라 말기에 유방劉邦과 진나라를 멸망시키고 중국을 차지하기 위해 다툰 무장.
- **연오**: 손님을 맞는 관직.
- **등공**: 유방劉邦의 어렸을 때 친구.

信[1] 數(삭)與蕭何[2]語에 何奇之라 至南鄭에 諸將行道亡者數十人이라 信度(탁)何等已數言上이나 上不我用이라하고 卽亡이라 何

不AB
: A(대명사)를 B하지 않다

1 信: 한신韓信(?~B.C.196). 회음현淮陰縣에서 출생. 유방이 한漢나라의 황제로 등극하자 한신의 병권을 빼앗고 초나라 왕으로 임명하였다가 후에 유방은 한신을 모반죄로 체포하여 장안長安으로 압송하고 회음후淮陰侯로 격하시켰다. 유방의 부인 여후呂后와 승상 소하蕭何에 의해 진희陳豨가 일으킨 반란을 공모했다고 모함 받은 후 참살되었다.

2 蕭何: B.C.257~B.C.193. 초한楚漢 전쟁 때 관중關中에 머물면서 한군漢軍의 군량을 공급해주는 등 유방이 항우에게 승리하는 데 결정적인 공헌을 했다. 한신韓信·장량張良·조참曹參과 함께 개국공신이다.

蕭 쓸쓸할 소　度 헤아릴 탁

CV13308

如A : A같이 하다

聞信亡하고 不及以聞이오 自追之라 人有言上曰 丞相何亡이라하니 上大怒하여 如失左右手라

한신은 자주 소하蕭何와 말을 하였는데, 소하는 그를 특별하게 여겼다. 남정南鄭에 이르자, 여러 장수 중에 길을 가다가 도망하는 자가 수십 명이나 되었다. 한신도 '소하 등이 이미 자주 왕에게 말을 했으나 왕이 나를 등용하지 않는다'라고 생각하고는 곧 도망하였다. 소하는 한신이 도망했다는 것을 듣자, 왕에게 그 사실을 알릴 틈이 없어 스스로 그를 뒤쫓아 갔다. 사람 중에 왕에게 "승상 소하가 도망갔습니다."라고 말하는 자가 있었다. 왕은 크게 노해 양손을 잃어버린 듯했다.

且A且B : 한편으로 A하면서 한편으로 B하다
A何也 : A는 어째서인가?
A誰何 : A는 누구인가?

居一二日에 何來謁上하니 上且怒且喜하여 罵何曰 若亡은 何也오하니 何曰 臣不敢亡也요 臣追亡者니이다 上曰 若所追者誰何오하니 曰 韓信也니이다

하루 이틀 있다가 소하가 와서 왕을 뵈니, 왕이 화가 나면서도 기뻐하면서 소하를 꾸짖기를 "그대가 도망간 것은 무엇 때문인가?"라고 하니, 소하가 "저는 감히 도망간 것이 아닙니다. 저는 도망간 사람을 뒤쫓아 간 것입니다."라고 하였다. 왕이 "그대가 뒤쫓아 간 사람은 누구인가?"라고 하니, "한신입니다."라고 하였다.

上復罵曰 諸將亡者以十數로되 公無所追라 追信詐也요 何曰 諸將易(이)得耳니이다 至如信者는 國士[1]無雙이니이다 王必

1 國士 : 나라의 훌륭한 선비로, 뛰어난 사람.

丞 정승 승　謁 뵐 알　罵 꾸짖을 매　若 만약 약 ; 너　詐 속일 사　耳 귀 이 ; (=也)어조사
事 일 사 ; 부리다, (=使)일을 시키다　顧 돌아볼 고 ; 다만　策 꾀 책

欲長王漢中[1]인댄 無所事信어니와 必欲爭天下인댄 非信無所與計事者니 顧王策安所決耳니이다

非A無B
: A아니면 B할 수 없다
顧A耳 : 다만 A일 뿐이다
安所A : 어디로 A하는가?

왕이 다시 꾸짖으며 "여러 장수 중에 도망간 사람이 수십 명인데도 그대가 뒤쫓아 간 사람은 없다. 한신을 뒤쫓아 갔다는 것은 거짓이다."라고 하니, 소하가 "여러 장수들은 얻기가 쉽습니다. 한신과 같은 사람은 뛰어난 사람으로 둘도 없는 인물입니다. 왕께서 반드시 한중에서 오래 왕 노릇 하고 싶다면 한신을 쓸 것이 없습니다. 그러나 반드시 천하를 다투고자 하신다면 한신이 아니고서는 함께 일을 도모할 사람이 없습니다. 다만 왕의 계책이 어느 쪽으로 결정되는가에 달려 있을 뿐입니다."라고 하였다.

《사기史記》〈회음후열전淮陰侯列傳〉

성어용례

» 둘도 없는 국사의 대우 받을 만하니, 다만 옛사람만 알아줄 뿐이 아니고 말고. [無雙國士遇 不特古人知]

노수신盧守愼, 〈득우인소식得友人消息〉

[그림 12] 한고조漢高祖

[그림 13] 한신韓信

1 漢中 : 섬서성陝西省의 남서쪽 한강漢江 북안의 땅으로, 사천四川·호북湖北 두 성에 이르는 요충지이다. 한漢나라 고조高祖가 항우項羽로부터 책봉되어 한왕漢王이라고 일컬어지던 곳이다.

20 兎死狗烹

토끼 토 죽을 사 개 구 삶을 팽

토끼가 죽으면 개는 삶긴다

필요할 때 요긴하게 써 먹고 쓸모가 없어지면 가혹하게 버림

유 狡兔死走狗烹 狗烹 走狗烹 鳥盡弓藏 敵國破謀臣亡

앞 이야기 항우項羽의 도망한 장수 종리매鍾離眛의 집은 이려伊廬에 있었다. 본래 한신과 친해서 항왕이 죽은 뒤에 도망하여 한신에게 귀의하였다. 한漢나라 고조高祖는 종리매를 원망하여 그가 초나라에 있다는 것을 듣고 초나라에 조서를 내려 종리매를 체포하게 했다. 한신이 처음 초나라로 가서 고을을 순행할 때면 군사를 벌여놓고 출입했다.

漢六年에 人有上書告楚王信反이어늘 高帝以陳平[1]計하여 天子巡狩[2]하여 會諸侯라 南方有雲夢[3]하니 發使告諸侯하여 會陳하라 吾將游雲夢하리라 實欲襲信이나 信弗知라 高祖且至楚하면 信欲發兵反이라

한나라 6년, 사람 중에 '초나라 왕 한신이 모반한다'라고 글을 올린 자가 있

1 陳平 : ?~B.C.178. 황로술黃老術을 배웠고, 한漢나라의 고조高祖를 섬긴 공功으로 혜제惠帝 때 좌승상이 되었다. 주발周勃과 여씨呂氏 일족을 죽여 한실漢室 부흥에 공을 이루었다.

2 巡狩 : 천자가 제후 나라를 순회하며 시찰함.

3 雲夢 : 초楚나라의 칠택七澤 중의 하나로, 굴원屈原의 〈초사楚辭〉와 사마상여司馬相如의 〈자허부子虛賦〉에 이곳을 소재로 한 작품이 나온다.

CV13492

陳 나라이름 진 巡 순행할 순 狩 사냥할 수 ; 순시하다 夢 꿈 몽

었다. 한나라 고조는 진평陳平의 계책을 써서 천자가 제후의 나라를 순회하며 제후를 모으기로 했다. 남방에 운몽雲夢이란 곳이 있어, 사신을 내어 제후들에게 "진陳에 모여라. 내가 장차 운몽에 갈 것이다."라고 알렸다. 실제로는 한신을 습격하려는 것이었으나, 한신은 알지 못했다. 고조가 장차 초나라에 이르면 한신은 군대를 일으켜 배반하려고 하였다.

自度(탁)無罪하여 欲謁上이나 恐見禽이라 人或說信曰 斬眛謁上하면 上必喜하리니 無患이라하다 信見眛計事하니 眛曰 漢所以不擊取楚는 以眛在公所라 若欲捕我하여 以自媚於漢하면 吾今日死요 公亦隨手[1]亡矣라하고 乃罵信曰 公非長者[2]라하고 卒自剄이라

見A : A 되어지다
所以A以B : A한 까닭은 B 때문이다

한신은 스스로 죄가 없다고 생각하여 고조를 알현하고자 하였으나 사로잡힐 것이 두려웠다. 어떤 사람이 한신을 달래기를 "종리매를 베어서 왕을 알현하시면, 왕은 반드시 기뻐할 것이니, 근심이 없을 것입니다."라고 하였다. 한신이 종리매를 만나 일을 의논하니, 종리매가 "한나라가 초나라를 공격하여 취하지 못하는 까닭은 내가 그대와 함께 있기 때문입니다. 만약 나를 체포하여 스스로 한나라에 아첨하고자 한다면 나는 오늘 죽을 것이고, 그대도 뒤이어 망할 것입니다."라 하고, 마침내 한신을 꾸짖으며 "그대는 장자가 아니다."라고 하고, 끝내 자결하였다.

信持其首하고 謁高祖於陳하니 上令武士縛信하고 載後車라

令AB : A에게 B하게 하다

1 隨手 : 즉시.

2 長者 : 덕德이 있는 노성한 사람.

度 헤아릴 탁　謁 뵐 알　見 볼 견 ; (=被)~을 당하다　禽 날짐승 금 ; (=擒)사로잡다　斬 벨 참
眛 어두울 매　捕 잡을 포　媚 아첨할 미　罵 꾸짖을 매　剄 목 벨 경　縛 얽을 박　載 실을 재

信曰 果若人言이로다 狡兎死면 良狗烹이요 高鳥盡이면 良弓藏이요 敵國破면 謀臣亡이라 天下已定하니 我固當烹이라하니 上曰 人告公反이라하다 遂械繫信하여 至雒[1]陽하여 赦信罪하고 以爲淮陰侯하니라

(A)以爲B : (A를) B로 삼다

한신이 그의 머리를 가지고 진에서 고조를 뵈니, 왕이 무사로 하여금 한신을 포박하게 하고 뒤 수레에 실었다. 한신이 "과연 사람들의 말과 같구나! 날랜 토끼가 죽으면 좋은 사냥개는 삶기고, 높이 나는 새가 다 없어지면 좋은 활은 치워지고, 적국이 격파되고 나면 계책을 냈던 신하는 죽게 된다. 천하가 이미 평정되었으니, 내가 삶기는 것은 진실로 당연하구나!"라 하니, 왕이 "어떤 사람이 그대가 모반하였다고 고변하였다."라고 하였다. 마침내 형틀에 한신을 묶어 낙양雒陽에 이르러 한신의 죄를 용서하고 회음후淮陰侯로 삼았다.

《사기史記》〈회음후열전淮陰侯列傳〉

성어용례

» 그러나 성명聖明의 시대에 어찌 뜻밖의 토사구팽兎死狗烹의 화가 있었겠습니까? 만일 진실한 마음으로 불러서 관서의 병사兵使로 삼는다면 곽재우가 어찌 병을 핑계로 나오지 않을 리가 있겠습니까? [然聖明之世 安有意外弓藏之禍 苟以誠心徵召 而付以西關閫寄 則再祐寧有托病不來之理] 윤근수尹根壽, 〈어호방략차禦胡方略箚〉

1 雒 : 원래는 '락洛'으로 쓰지만 한漢나라는 화덕火德으로 천하를 다스렸으므로, 락洛의 '물 수[氵]'를 꺼려 락雒으로 대용하였다.

狡 교활할 교　藏 감출 장　謀 꾀 모　械 기계 계 ; 형틀　繫 맬 계　雒 수리부엉이 락　赦 용서할 사
淮 물 이름 회

21 多多益善

많을 다 많을 다 더욱 익 좋을 선

많으면 많을수록 더욱 좋다

많으면 많을수록 더욱 좋음

유 多多益辦 長袖善舞

上常從容與信言諸將能不호대 各有差라 上問曰 如我는 能將幾何오하니 信曰 陛下不過能將十萬이니이다 上曰 於君何如오하니 曰 臣은 多多而益善耳니이다

A幾何 : A는 얼마인가?
A何如 : A는 어떠한가?
A耳 : A일 뿐이다

한漢나라 고조高祖가 일찍이 조용히 한신韓信과 여러 장수의 잘하는 것과 그렇지 못한 것에 대해 말하였는데, 각각 차이가 있었다. 고조가 "나와 같은 사람은 어느 정도를 거느릴 수 있겠는가?"라고 물으니, 한신이 "폐하께서는 10만 명을 거느릴 수 있을 뿐입니다."라고 하였다. 고조가 "그대는 어떠한가?"라고 하니, 한신이 "저는 많으면 많을수록 더욱 좋습니다."라고 하였다.

上笑曰 多多益善이면 何爲爲我禽고하니 信曰 陛下는 不能將兵이나 而善將將이니이다 此乃信之所以爲陛下禽也오 且陛下는 所謂天授요 非人力也니이다

何爲A
: 무엇 때문에 A하는가?
爲AB : A에게 B되다
A之所以B也
: A가 B한 까닭이다

고조가 웃으며 "많으면 많을수록 좋다면서 무엇 때문에 나에게 사로잡혔는

CV13313

常 항상 상 ; (=嘗)일찍이　差 다를 차　陛 대궐 섬돌 폐　將 장수 장 ; 거느리다
禽 새 금 ; (=擒)사로잡다

가?"라고 하니, 한신이 "폐하께서는 병사를 잘 거느리지는 못하지만, 장수를 잘 거느리십니다. 이것이 바로 제가 폐하께 사로잡힌 까닭입니다. 게다가 폐하의 능력은 말하자면 하늘이 준 것이지, 사람의 힘이 아닙니다."라고 하였다.

《사기史記》〈회음후열전淮陰侯列傳〉

성어용례

» 풍소에도 장수가 있어 다다익선多多益善이길래, 머금어 씹어 정영精英을 만들고 화채華彩를 뱉어내네. [風騷①有將益多多 含咀爲英吐出華②] 서거정徐居正, 〈오화五和〉

① 風騷 : 풍아風雅와 이소離騷를 합칭한 것으로 시부詩賦를 의미한다.

② 含咀爲英吐出華 : 한유韓愈의 〈진학해進學解〉에, "농욱한 글에 푹 젖어들고, 그 묘미를 머금고 씹어서 문장을 지어내니, 그 글이 집에 가득하다.[沈浸醲郁 含英咀華 作爲文章 其書滿家]"라고 한 데서 온 말이다. '머금어 씹는다'는 것은 깊이 음미하는 것을 뜻하고, '뱉어낸다'는 것은 문장을 짓는 것을 뜻하며, '영화英華'는 곧 문장의 정영精英과 화채華彩를 의미한다.

22 遠交近攻

멀 원 사귈 교 가까울 근 공격할 공

먼 나라는 사귀고 가까운 나라는 공격하다

먼 나라와 화친하고 가까운 나라를 공격하는 외교정책

(반) 遠水不救近火 遠水近火 遠族近隣

魏人范雎[1]亡入秦하여 說秦王曰 以秦國之大와 士卒之勇으로 以治諸侯는 譬如走韓盧[2]而搏蹇兎也어늘 而閉關十五年에 不敢窺兵於山東者는 是穰侯[3]爲秦謀不忠하고 而大王之計도 亦有所失也로소이다하니 王跽曰 願聞失計하노라

譬如A
: 비유하자면 A와 같다
願A : A하기를 바라다

위魏나라 사람 범저范雎가 도망하여 진秦나라로 들어가서, 진나라 왕을 설득하기를 "진나라의 강대함과 사졸들의 용맹함을 가지고 제후를 다스리는 것은 비유하자면 한로韓盧를 달리게 하여 절뚝거리는 토끼를 잡는 것과 같은데, 관문을 닫은 지 15년 동안 감히 산동山東에 군대를 엿보지 못한 것은 양후穰侯

---

1 范雎 : 전국시대 위魏나라 사람으로, 자는 숙叔이다. 변설辯說에 능했는데, 위나라 재상 위제魏齊를 위해 일하다가 모함으로 태형을 당해 허리뼈가 부러진 뒤 이름을 장록張祿으로 고치고, 진秦나라로 달아나 소양왕昭陽王을 섬기며 상국相國을 지냈다. 원교근공遠交近攻 정책은 나중에 진나라가 육국六國을 통일하는 기초가 되었다.

2 韓盧 : 한나라의 뛰어난 사냥개.

3 穰侯 : 진秦나라 소왕昭王의 외삼촌 위염魏冉으로 양穰 땅에 봉해졌고, 어린 소왕을 대신해 정치를 맡아 잘 처리했다고 한다.

魏 나라 이름 위 范 성씨 범 雎 물수리 저 譬 비유할 비 盧 창 자루 로 搏 잡을 박
蹇 절 건 窺 엿볼 규 穰 짚 양 跽 꿇어앉을 기

CV13314

가 진나라를 위해 도모한 것이 충성스럽지 못하고, 대왕의 계책도 잘못된 것이 있기 때문입니다."라고 하니, 왕이 무릎을 꿇고 "잘못된 계책이 무엇인지 듣고 싶습니다."라고 하였다.

A不如B : A는 B만 못하다

睢曰 夫穰侯越韓魏而攻齊는 非計也니이다 今王은 不如遠交而近攻이니 得寸이면 則王之寸也오 得尺이면 則王之尺也니이다

범저가 "무릇 양후가 한韓나라·위魏나라를 넘어 제齊나라를 공격하자는 계책은 좋은 계책이 아닙니다. 지금 왕께서 먼 나라는 사귀고 가까운 나라는 공격하는 것만 못하니, 〈가까운 나라를 공격할 경우〉 한 치를 얻더라도 왕의 한 치 땅이요, 한 자를 얻더라도 왕의 한 자 땅입니다.

(A)以爲B : (A를) B로 삼다
以A爲B : A를 B로 삼다

今夫韓魏는 中國之處而天下之樞也니 王若欲霸인댄 必親中國하여 以爲天下樞하여 以威楚趙니 楚趙皆附면 齊必懼矣리니 齊附면 則韓魏를 因可虜也리이다하니 王曰 善타하고 乃以范睢爲客卿[1]하여 與謀國事하다

지금 저 한나라·위나라는 중앙에 해당하는 곳이고 천하의 중추中樞입니다. 왕께서 만약 패자霸者가 되고 싶다면 반드시 한나라·위나라를 가까이하여 천하의 중추로 삼아서 초나라·조나라를 위협해야 할 것입니다. 초나라·조나라가 모두 따르면 제나라는 반드시 두려워할 것입니다. 제나라가 따르면 한나라·위나라는 사로잡을 수 있을 것입니다."라고 하니, 왕이 "좋다."라고 하

1 客卿 : 다른 나라에서 와서 경상卿相이 된 사람.

越 넘을 월　齊 제나라 제　樞 지도리 추 ; 근본, 한가운데　霸 으뜸 패 ; 제후의 맹주　楚 초나라 초
趙 찌를 조 ; 조나라　附 붙을 부 ; 따르다　懼 두려워할 구　虜 사로잡을 로　卿 벼슬 경　謀 꾀 모

고, 마침내 범저를 객경客卿으로 삼아 함께 나랏일을 도모하였다.

《통감절요通鑑節要》〈주기周紀〉 난왕赧王 45년

성어용례

» 하늘이 맑아 나가서 노닐까 하였는데 얼굴을 스치는 바람결이 너무도 세차기에, 문을 닫고 방에 들어와 틀어박힌 채 시나 읊고 있으려니 근공 같은 생각이 드네. [天晴欲游眺 拂面有狂風 閉戶還深坐 吟詩似近攻①] 이색李穡, 〈천청天晴〉

① 吟詩似近攻 : 여기서는 나가서 노니는 것을 원교遠交에, 시 읊는 것을 근공近攻에 비유한 것이다.

» 걸핏하면 국사의 시를 편찬하려고, 우산 들고 이웃 늙은이 찾아왔네. 나는 곤해서 막 편히 누웠는데, 그대는 한가해 근공부터 하려 하네. [編詩動國士 傘雨訪隣翁 我困方高臥 君閑欲近攻②] 이색李穡, 〈자복래신곤불능출응子復來身困不能出應〉

② 近攻 : 여기서는 많은 시문詩文을 수집하기 위하여 가까운 곳에서부터 뽑아 모은다는 뜻으로 쓴 것이다.

23 四面楚歌

사방 사 방면 면 초나라 초 노래 가

사방에서 들리는 초나라의 노래

적에게 둘러싸인 상태, 누구의 도움도 받을 수 없는 고립 상태에 빠짐

유 垓下之戰 進退維谷 進退兩難 進退無路 孤立無援

項羽至垓下[1]하니 兵少食盡이라 韓信等乘之하니 羽敗入壁한대 圍之數重이라 羽夜聞漢軍四面皆楚歌하고 大驚曰 漢皆已得楚乎아 何楚人多也오하고 起飮帳中하고 命虞美人[2]起舞라 悲歌慷慨하여 泣數行下라

已A乎 : 이미 A하였는가?
何A也 : 어찌 A한가?
命AB : A에 명하여 B하게 하다

항우項羽가 해하垓下에 이르니, 병기는 적고 식량은 다 떨어졌다. 한신韓信 등이 이를 틈타 공격하니, 항우는 패배하여 진으로 들어갔는데, 한신 등이 그를 몇 겹으로 포위하였다. 항우는 밤에 한漢나라 군대가 사방에서 모두 초楚나라 노래를 부르는 것을 듣고서 매우 놀라 "한나라가 모두 이미 초나라를

1 垓下 : 안휘성安徽省 영벽현靈壁縣 부근의 지명이다.

2 虞美人 : ?~B.C.202. 항우項羽의 애첩愛妾으로, 우미인은 속칭俗稱이고, 우虞는 성姓이면서 이름이라고도 한다. 자결했는데, 안휘성安徽省 정원定遠 동쪽에 묘가 있다. 묘에 돋아난 풀이 우미인곡虞美人曲을 들으면 춤을 추어 움직이므로 이 풀을 '우미인초虞美人草'라고 한다는 전설이 있다. 항우의 노래에 화답한 노래가 〈답항왕가答項王歌〉로, "한나라 군대가 이미 점령을 했는지, 사방에서 초나라 노랫소리 들리네. 대왕께서 전의戰意와 기개氣慨가 다했으니, 천첩인들 어찌 편안히 살겠습니까?[漢兵已略地 四面楚歌聲 大王意氣盡 賤妾何聊生]"라고 노래했다.

CV13316

項 항목 항 羽 깃 우 垓 지경 해 壁 벽 벽 ; 진 圍 에워쌀 위
重 무거울 중 ; 겹 帳 장막 장 ; 휘장 虞 나라 이름 우 慷 강개할 강 慨 강개할 개

얻었는가? 어찌 〈한나라 군영에〉 초나라 사람이 많은가?"라고 하고, 휘장 속에서 일어나 술을 마시며 우미인虞美人에게 일어나 춤을 추게 했다. 슬픈 노래는 강개했으며, 눈물 몇 줄기가 떨어졌다.

其歌曰 力拔山兮氣蓋世로다 時不利兮騅不逝로다 騅不逝兮可奈何오 虞兮虞兮奈若何오하다 騅者는 羽平日所乘駿馬也라 左右皆泣하며 莫敢仰視라

A奈何 : A를 어찌하리?
奈A何 : A를 어찌하리?

그 노래는 다음과 같았다. "힘은 산을 뽑고 기운은 세상을 덮을 정도인데, 때가 이롭지 못해 오추마烏騅馬가 가지를 못하구나. 오추마가 가지 못하니 어찌 하리오? 우야! 우야! 너를 어찌 하리오?" 추騅는 항우가 평소 타고 다니던 준마이다. 좌우 신하들이 모두 울면서 감히 쳐다보지 못했다.

뒷 이야기 항우는 마침내 밤에 8백여 기병을 거느리고 포위를 무너뜨리고 남쪽으로 탈출했다. 회수淮水를 건너 동성東城에 이르니, 마침내 28명의 기병만 남아 있었다. 항우가 그 기병들에게 "내가 군대를 일으킨 지 8년에 70여 차례 싸웠는데, 일찍이 패한 적이 없었다. 지금 마침내 이곳에서 곤란해졌으니, 이것은 하늘이 나를 망친 것이니, 내가 싸움을 잘못한 죄는 아니다. 여러분들을 위해 과감하게 싸워 반드시 포위를 무너뜨리고 장수를 베어서 여러분들에게 내가 싸움을 잘못한 죄가 아님을 알게 하겠다."라고 하였는데, 모두 그의 말처럼 되었다.

이에 동쪽으로 가서 오강烏江을 건너고자 하니, 정장亭長이 배를 대고 기다리면서 "강동江東 땅이 비록 작지만 또한 왕 노릇 할 만합니다. 빨리 건너십시오."라고 하니, 항우가 "내가 강동의 자제 8천 명과 강을 건너 서쪽으로 갔는데, 지금 한 사람도 돌아가는 사람이 없다. 비록 강동의 부형父兄들이 나를 불쌍히 여겨 왕으로 삼아주더라도 내가 무슨 면목으로 다시 볼 수 있겠는가? 유독 마음에 부끄럽지 않겠는가?"라고 하고는, 마침내 목을 베고서 죽었다.

《십팔사략十八史略》 권2 〈서한西漢 태조고황제太祖高皇帝〉

- 동성 : 안휘성安徽省 안경시安慶市 남부에 있었던 현縣
- 오강 : 안휘성安徽省 화현和縣 동북쪽에 있는 강으로 항우가 자결한 곳
- 정장 : 10리마다 두는 정亭의 우두머리

拔 뽑을 발　兮 어조사 혜　蓋 덮을 개　騅 오추마 추　逝 갈 서　奈 어찌 나 ; 어찌 내　駿 준마 준

성어용례

» 무엇보다 사면초가四面楚歌 속에서도, 홀로 한나라 기치 세우고 무너진 군영 지켰네. [最是四圍楚歌裏 獨持漢幟保殘營] 김윤식金允植, 〈여하정학사만呂荷亭學士輓〉

[그림 14] 항우項羽

[그림 15] 우희虞姬

24 五十步百步

다섯 오 열 십 걸음 보 일백 백 걸음 보

50보로 100보를 비웃다

조금 낫고 못한 차이만 있을 뿐, 본질적으로 차이가 없음

㊒ 五十步笑百步 五十笑百 大同小異 彼此一般

梁[1]惠王曰 寡人[2]之於國也에 盡心焉耳矣로니 河內凶이어든 則移其民於河東하고 移其粟於河內하며 河東凶이어든 亦然하노니 察隣國之政한대 無如寡人之用心者로되 隣國之民不加少하며 寡人之民不加多는 何也잇고

A之於B也 : A가 B에
A耳矣 : A일 뿐이다
A何也 : A는 어째서인가?

양梁나라 혜왕惠王이 "과인寡人은 나라에 마음을 다하고 있습니다. 하내河內 지방에 흉년이 들면 그 백성을 하동河東 지방으로 이주시키고, 그 곡식을 하내 지방으로 옮겼으며, 하동 지방에 흉년이 들면 또한 똑같은 방법으로 그렇게 하고 있습니다. 그런데 이웃나라의 정사를 살펴보니, 과인처럼 마음을 쓰는 자가 없는데도 이웃나라의 백성들이 더 적어지지 않으며, 과인의 백성들이 더 많아지지 않으니, 이것은 어째서입니까?"라고 하였다.

孟子對曰 王好戰하시니 請以戰喩하리이다 塡然鼓之하여 兵

請A : A해 보겠다
以AB : A로써 B하다

1 梁 : 위魏나라로, 대량大梁에 도읍했기 때문에 양梁이라고도 한다.

2 寡人 : '덕이 적은 사람'인 '과덕지인寡德之人'의 준말.

梁 나라이름 량 寡 적을 과 ; 왕의 겸사 焉 어조사 언 粟 조 속 隣(=鄰) 이웃 린
喩 깨우칠 유 ; 비유하다 塡 메울 전 ; 북소리 鼓 북 고 ; 두드리다

CV13319

或A或B…: 혹은 A하며, 혹은 B하며…
直A耳: 단지 A일 뿐이다
如A則: 만약 A하면

刃旣接이어든 棄甲曳兵而走하되 或百步而後止하며 或五十步而後止하여 以五十步로 笑百步면 則何如하니잇고 曰 不可하니 直不百步耳언정 是亦走也니이다 曰 王如知此시면 則無望民之多於隣國也하소서

맹자가 대답하길, "왕께서 전투를 좋아하시니, 전투를 가지고 비유해보겠습니다. 둥둥 북을 쳐서 병기와 칼날이 이미 부딪히자, 갑옷을 버리고 병기를 끌고 달아나는데, 어떤 사람은 100보를 도망한 뒤에 멈추며 어떤 사람은 50보를 도망한 뒤에 멈추어서, 〈자신은〉 50보 도망하였다 하여 100보 도망한 것을 비웃으면 어떻습니까?"라고 물었다. 왕이 "옳지 않습니다. 다만 100보를 달아나지 않았을 뿐이지, 이것 또한 달아난 것입니다."라고 하니, 맹자가 "왕께서 만약 이것을 아신다면, 백성들이 이웃나라보다 많아지기를 바라지 마십시오."라고 했다.

《맹자孟子》〈양혜왕 상梁惠王上〉

성어용례

» 척박한 밭과 헌 집은 진토에 묻혀 있거니와, 100보나 50보나 위태롭긴 마찬가지라. [薄田破屋埋塵沙 還如百步五十步]

이색李穡, 〈이산이상사우중래과 운장왕서해도伊山李上舍雨中來過 云將往西海道〉

刃 칼날 인　棄 버릴 기　曳 끌 예　直 곧을 직 ; 다만

25 奇貨可居

기이할 기 재물 화 가할 가 쌓을 거

진기한 재물은 사 둘 만하다

진기한 물건은 사서 잘 보관해 두면 장차 큰 이득을 보거나, 좋은 기회에 이용하기 알맞음

유 勿失好機

앞 이야기 여불위呂不韋는 양적陽翟 땅의 대상인이다. 여러 지역을 왕래하여 싸게 사서 비싸게 팔아 집에 천금의 재산을 모았다. 진秦나라 소왕昭王 40년에 태자가 죽었고, 42년에 둘째 아들 안국군安國君을 태자로 삼았다. 안국군에게는 20여 명의 아들이 있었고, 안국군에게는 매우 사랑하는 여자가 있어서 그녀를 세워 정부인으로 삼고 화양부인華陽夫人이라 불렀다. 그런데 화양부인에게는 아들이 없었다. 안국군의 가운데 아들은 이름이 자초子楚였는데, 자초의 어머니는 하희夏姬였으며, 안국군이 사랑하지 않았다.

子楚爲秦質子於趙러니 秦數(삭)攻趙하여 趙不甚禮子楚라 子楚秦諸庶孽[1]孫으로 質於諸侯하여 車乘進用[2]이 不饒하고 居處困하여 不得意라

자초子楚는 진나라의 볼모로 되어 조나라에 있었는데, 진나라가 자주 조나라를 공격하자 조나라는 자초에게 매우 무례하게 대했다. 자초는 진나라 여

1 庶孽 : '서庶'는 양인良人 첩의 자손, '얼孽'은 천인賤人 첩의 자손을 말한다.

2 進用 : 소중하게 쓰이는 재물.

楚 초나라 초 秦 나라 이름 진 質 바탕 질 ; 볼모 趙 조나라 조 數 셈할 수 ; 자주 삭 攻 칠 공 庶 여러 서 侯 제후 후 孽 서자 얼 饒 넉넉할 요

CV13322

러 서자 중 하나로, 제후에게 볼모가 되어 있어 탈 것과 재물이 넉넉하지 않아 생활하는데 곤란하여 뜻을 펴지 못하였다.

呂不韋賈(고)邯鄲이라가 見而憐之曰 此奇貨可居라하고 乃往見子楚하여 說曰 吾能大子之門이라하니 子楚笑曰 且自大君之門하고 而乃大吾門하라 呂不韋曰 子不知也로다 吾門待子門而大라하니 子楚心知所謂하고 乃引與坐하여 深語라

여불위가 한단邯鄲에서 장사를 하다가 그를 보고 불쌍히 여겨 "이 진기한 재물은 사 둘 만하다."라고 하고는, 마침내 자초를 찾아가 뵙고 "내가 그대의 가문을 크게 만들어줄 수 있소."라고 말하니, 자초가 웃으며 "우선 스스로 그대의 가문을 크게 만드시오. 그러고 나서 우리 가문도 크게 만들어 주시오."라고 하였다. 여불위가 "그대는 모르고 있소. 우리 가문은 그대의 가문이 커지기를 기다린 뒤에 커질 것이오."라고 하였다. 자초는 마음속으로 여불위가 말한 것을 깨닫고 마침내 인도하여 함께 앉아서 깊은 이야기를 하였다.

竊聞A
: 내가 듣기로는 A라 하더라
獨A耳 : 단지 A일 뿐이다
見A : A받다
A奈何 : A를 어떻게 하는가?

呂不韋曰 秦王老矣요 安國君得爲太子라 竊聞安國君이 愛幸華陽夫人이라 華陽夫人無子나 能立適嗣[1]者는 獨華陽夫人耳라 今子兄弟二十餘人이요 子又居中하여 不甚見幸하고 久質諸侯라 卽大王薨하고 安國君立爲王하면 則子無幾得與長子及諸子旦暮在前者로 爭爲太子矣라하니 子楚

1 適嗣 : 대代를 잇는 자손.

呂 성씨 여 韋 가죽 위 賈 장사 고 邯 조나라 서울 한 鄲 조나라 서울 단 憐 불쌍히 여길 련
奇 기특할 기 謂 이를 위 竊 훔칠 절 ; 몰래 嗣 이을 사 薨 죽을 훙 旦 아침 단

曰 然하다 爲之奈何오

여불위가 "진나라 왕은 늙었고, 안국군은 태자가 되었습니다. 들어보니, 안국군은 화양부인을 사랑하고 아낀다고 합니다. 화양부인은 아들이 없으나, 후사後嗣를 세울 수 있는 사람은 오직 화양부인뿐입니다. 지금 그대의 형제는 20여 명이요, 그대는 또 중간을 차지하고 있으며, 매우 사랑을 받지 못하여 오랫동안 제후에게 볼모로 있습니다. 만약 대왕이 죽고 안국군이 즉위하여 왕이 된다면, 그대는 아침저녁으로 임금의 앞에 있는 장자와 여러 아들들과 태자가 되기를 다툴 기회는 거의 없을 것입니다."라고 하니, 자초가 "그렇습니다. 그것을 어찌하면 좋겠습니까?"라고 하였다.

呂不韋曰 子貧하고 客於此하니 非有以奉獻於親及結賓客也라 不韋雖貧이나 請以千金으로 爲子西游하여 事安國君及華陽夫人하여 立子爲適嗣하리라 子楚乃頓首曰 必如君策이면 請得分秦國하여 與君共之하리라

雖A : 비록 A라도
請A : A해 보겠다

여불위가 "그대는 가난한 데다 이곳에서 나그네의 신세니, 어버이를 받들거나 손님과 사귈 수 없을 것입니다. 제가 비록 가난하지만, 천금을 가지고 그대를 위해 서쪽으로 가서 안국군과 화양부인을 섬겨서 그대를 세워 후사로 삼겠습니다."라고 하니, 자초가 마침내 머리를 조아리며 "반드시 그대의 계책대로 된다면, 진나라를 나누어 그대와 그것을 함께하도록 하겠습니다."라고 하였다.

《사기史記》〈여불위열전呂不韋列傳〉

성어용례

» 남들이 차지하지 않는 물건을 서둘러 산 이는, 저 여불위呂不韋란 장사치뿐이었네. [趣人所不居 獨有陽翟賈]

박지원朴趾源, 〈증좌소산인贈左蘇山人〉

獻 드릴 헌　游 헤엄칠 유 ; 걷다　頓 조아릴 돈　策 꾀 책 ; 계책

26 讀書亡羊

읽을 독 책 서 잃을 망 양 양

책을 읽다가 양을 잃어버리다

마음이 밖에 있어 도리를 잃어버리는 것, 다른 일에 정신을 뺏겨 중요한 일을 소홀히 하는 것

유 亡羊

自A以B : A로부터 B로는
莫不A : A하지 않음이 없다
A則B : A는 B하다
以A爲B : A를 B로 삼다

夫小惑易方하고 大惑易性이라 …… 自三代以下者는 天下莫不以物易其性矣라 小人則以身殉利하고 士則以身殉名하고 大夫則以身殉家하고 聖人則以身殉天下라 故此數子者는 事業不同하고 名聲異號나 其於傷性하여 以身爲殉은 一也니라

무릇 작은 미혹은 방향을 바꾸고, 큰 미혹은 본성을 바꾼다. …… 하夏·은殷·주周 이후로는 천하에 외물로 그 본성을 바꾸지 않은 자가 없었다. 소인은 이익에 몸을 바치고, 선비는 명예에 몸을 바치고, 대부는 가문에 몸을 바치고, 성인은 천하에 몸을 바쳤다. 그러므로 이 몇 사람들은 일도 같지 않고 평판도 다르게 불리지만, 그들이 본성을 손상시켜서 몸을 희생으로 삼은 것에 있어서는 같다.

臧與穀二人이 相與牧羊이라가 而俱亡其羊이라 問臧

CV13324

惑 미혹할 혹 易 바꿀 역 殉 따라죽을 순 ; 바치다
臧 착할 장 牧 칠 목 奚 어찌 해 ; 무슨 俱 갖출 구 ; 함께

奚事하니 則挾筴讀書라하고 問穀奚事하니 則博塞[1]以遊라하다 二人者 事業不同이나 其於亡羊은 均也라 伯夷[2]는 死名於首陽之下하고 盜跖[3]은 死利於東陵之上이라 二人者 所死不同이나 其於殘生傷性은 均也라 奚必伯夷之是하고 而盜跖之非乎아

奚A乎 : 어찌 A하겠는가?

장臧과 곡穀 두 사람이 서로 함께 양을 길렀는데, 함께 그 양을 잃어버렸다. 장에게 무슨 일이냐고 물으니, 대쪽을 끼고서 책을 읽었다고 하고, 곡에게 무슨 일이냐고 물으니, 장기를 두면서 놀았다고 하였다. 두 사람은 일은 같지 않지만 그들이 양을 잃어버린 것은 같다. 백이伯夷는 수양산首陽山 아래에서 명예 때문에 죽고, 도척盜跖은 동릉산東陵山 위에서 이익 때문에 죽었다. 두 사람은 죽은 것은 다르지만 그들이 생명을 없애고 본성을 손상시킨 것은 같다. 어찌 반드시 백이는 옳고, 도척은 그르다고 하겠는가? 《장자莊子》〈병무騈拇〉

성어용례

» 그대는 보지 못했나? 장과 곡이 대쪽을 끼고 장기를 두다가 둘 다 양을 잃어버린 것을. [君不見臧與穀 挾筴博塞相與俱亡羊] 윤순거尹舜擧, 〈의혈몽후왕蟻穴夢侯王〉

1 博塞 : 장기.

2 伯夷 : 은殷나라 말·주周나라 초에, 고죽국孤竹國 왕자였는데, 아버지가 죽을 때에 아우 숙제叔齊에게 왕의 자리를 물리겠다는 말을 남겼다. 그러나 숙제가 형을 두고 왕이 될 수 없다고 형 백이에게 사양하자, 백이 또한 아버지의 말씀을 어길 수 없다고 서로 사양하였다. 그리하여 마침내 두 형제는 고죽국을 떠나 주나라 문왕文王을 찾아 신하가 되기로 약속하였는데, 막상 찾아가 보니 문왕은 죽어 없고 그의 아들 무왕武王이 아버지의 위패를 싣고 은나라 왕을 치려고 하였다. 그것을 본 두 형제는 무왕에게 충고했으나 끝내 듣지 아니하자, 수양산首陽山에 들어가 고사리를 캐어 먹고 살다가 굶어 죽었다고 한다.

3 盜跖 : 척跖은 척蹠으로도 쓰며, 춘추시대 노魯나라 대부 유하혜柳下惠의 동생이다. 전하는 말에 일찍이 무리 9천 명을 모아 천하를 횡행하고 다니면서 제후를 공격하고 약탈해 나중에 도척으로 불렸다고 한다. 일설에는 황제黃帝 때의 대도大盜 이름으로, 태산泰山 기슭에서 사람의 간을 회로 썰어 먹었다고도 한다.

挾 낄 협　筴 대쪽 책　穀 곡식 곡　博 넓을 박 ; 장기　伯 맏 백　夷 오랑캐 이　盜 도둑 도
跖 밟을 척　陵 언덕 릉　殘 잔인할 잔 ; 없애다

27 吳越同舟

오나라 오 월나라 월 같을 동 배 주

오나라 사람과 월나라 사람이 같은 배에 타다

어려운 상황에서는 원수라도 협력하게 됨

㉤ 同舟相救 同舟濟江 吳越之爭 吳越之思

譬如A
:비유하자면 A와 같다
可A乎:A할 수 있는가?
使AB:A에게 B하게 하다
A與B:A와 B

善用兵者는 譬如率(솔)然이니 率然者는 常山之蛇也라 擊其首則尾至하고 擊其尾則首至하고 擊其中則首尾俱至라 敢問兵可使如率然乎아하면 曰 可라 夫吳人與越人이 相惡也나 當其同舟而濟라가 遇風이면 其相救也가 如左右手라

용병을 잘 하는 자는 비유하자면 솔연率然과 같이 한다. 솔연은 상산常山에 사는 뱀으로, 그 머리를 치면 꼬리가 달려들고, 그 꼬리를 치면 머리가 달려들고, 그 몸통을 치면 머리와 꼬리가 함께 달려든다. "군대를 솔연과 같게 할 수 있는가?"라 감히 묻는다면, 나는 "가능하다."라고 대답하겠다.

저 오나라 사람과 월나라 사람은 서로 미워하는 사이이다. 그런데 그들이 한 배를 타고 건너다가 바람을 만나면 그들은 서로 돕는 것이 왼손과 오른손처럼 하게 된다.

《손자병법孫子兵法》〈구지편九地篇〉

성어용례

» 한 배 타면 호와 월도 마음이 하나가 되는데, 한집안 형제 싸움은 얼마나 어리석은가? [同舟胡越心猶一 兄弟鬩牆何至愚]

이색李穡, 〈유감有感〉

CV13326

譬 비유할 비 率 거느릴 솔 蛇 뱀 사 擊 칠 격 夫 지아비 부; 저 惡 미워할 오
濟 건널 제

28 强弩之末

강할 강 쇠뇌 노 어조사 지 마지막 말

강한 쇠뇌의 마지막

힘찬 활에서 발사된 화살도 마지막에는 힘이 떨어져 비단조차 뚫지 못하듯 아무리 강한 힘이나 형세도 마지막에는 결국 쇠퇴함

유 衝風之末

御史大夫[1]韓安國者는 梁成安人也니 後徙睢陽이라 嘗受韓子雜家說於騶田生[2]所하고 事梁孝王[3]하여 爲中大夫라

A所 : A한 곳

어사대부御史大夫 한안국韓安國은 양梁나라 성안成安 사람이었는데, 뒤에 수양睢陽으로 옮겼다. 일찍이 추현騶縣의 전생田生이 있는 곳에서 한비자韓非子와 잡가雜家의 학술을 배웠고, 양나라 효왕孝王을 섬겨 중대부中大夫가 되었다.

吳楚反時에 孝王使安國及張羽爲將하여 扞吳兵於東界라 張羽力戰하고 安國持重이라 以故吳不能過梁이라 吳楚已破에 安國張羽名由此顯이라 …… 匈奴來請和親하니 天子下

A及B : A와 B

1 御史大夫 : 감찰 기관의 으뜸 벼슬이다.

2 田生 : 전한前漢의 전하田何로, 자는 자장子莊·자장子裝이고, 호는 두전생杜田生이다. 《주역》에 조예가 깊어 한漢나라 혜제惠帝가 직접 집에 찾아가 수업을 받았다고 한다. 당대의 이름난 학자 왕동王同·정관丁寬·복생服生 등이 모두 그의 제자다.

3 梁孝王 : 한漢나라 문제文帝의 아들이며, 경제景帝의 동모제同母弟이다. 어머니는 두태후竇太后이다. 두태후의 총애를 받아 많은 은전恩典을 하사받았다. 양원梁園이라는 호사스러운 원림園林을 짓고 당대 문사들과 교유하였다.

御 거느릴 어	梁 나라이름 량	徙 옮길 사	睢 물 이름 수	嘗 맛볼 상 ; 일찌기	雜 섞일 잡
吳 오나라 오	楚 초나라 초	張 베풀 장	羽 깃 우	扞 막을 한	顯 나타날 현	匈 오랑캐 흉

CV13327

A不如B : A는 B만 못하다

議라 大行[1]王恢는 燕人也니 數(삭)爲邊吏하여 習知胡事라 議曰 漢與匈奴和親은 率不過數歲요 卽復倍約하리니 不如勿許하고 興兵擊之니이다

오나라·초나라가 배반했을 때, 효왕은 한안국韓安國과 장우張羽를 장수로 삼아 동계東界에서 오나라 군대를 막게 했다. 장우는 힘써 싸우고, 안국은 진중하게 방어하였다. 그러므로 오나라는 양나라를 지나갈 수가 없었다. 오나라·초나라가 이미 부수어지니, 안국과 장우의 이름이 이것으로 말미암아 드러났다. …… 흉노가 와서 화친을 청하니, 천자는 신하들에게 의논하게 하였다. 대행大行 왕회王恢는 연나라 사람으로, 자주 변방의 관리가 되었기 때문에 오랑캐의 일을 익숙하게 알았다. 의논하기를 "한나라와 흉노의 화친은 대략 두어 해를 넘기지 않을 것이요, 곧 다시 약속을 배반할 것입니다. 허락하지 말고, 군대를 일으켜 그들을 치는 것만 못합니다."라고 하였다.

難得而A也 : A하기 어렵다
不足以A
: A할 만하지 못하다

安國曰 千里而戰하면 兵不獲利니이다 今匈奴負戎馬[2]之足하고 懷禽獸之心하고 遷徙鳥擧하니 難得而制也니이다 得其地라도 不足以爲廣이요 有其衆이라도 不足以爲彊이니이다

안국이 "천 리를 가서 싸우면 군대는 이익을 얻지 못합니다. 지금 흉노는 군마의 발을 믿고 짐승의 마음을 품고 새가 날듯이 이리저리 옮겨다니니, 제압하기가 어렵습니다. 그 땅을 얻더라도 국토를 넓힐 만하지 못하고, 그 무리를 얻더라도 국력을 강하게 할 만하지 못합니다.

---

1 大行 : 빈객 접대를 맡은 벼슬.

2 戎馬 : 전쟁에 쓰는 말.

奴 종 노　恢 넓을 회　燕 제비 연 ; 연나라　數 자주 삭　邊 가 변　吏 벼슬아치/관리 리
率 거느릴 솔 ; 대략　倍 곱 배 ; 배반하다　獲 얻을 획　負 질 부 ; 믿다　戎 병장기 융 ; 병거
懷 품을 회　禽 새 금　獸 짐승 수　遷 옮길 천　擧 들 거 ; 날다　制(=製)지을 제 ; 제압하다
彊 굳셀 강

自上古로 不屬爲人이니 漢數千里爭利면 則人馬罷리니 虜以全制其敝니이다 且彊弩之極矢[1]는 不能穿魯縞[2]하고 衝風[3]之末力은 不能漂鴻毛라 非初不勁이나 末力衰也니이다 擊之不便이니 不如和親이니이다 群臣議者에 多附安國이라 於是上許和親이라

非不A
: A하지 않은 것은 아니다
A不如B : A는 B만 못하다

상고시대부터 중국中國의 사람으로 소속시키지 않았습니다. 한나라가 수천 리 떨어진 곳에서 이익을 다툰다면 사람과 말은 피곤할 것이니, 오랑캐는 온전한 군대로 피폐한 한나라를 제압할 것입니다. 게다가 강력한 쇠뇌의 힘이 다한 화살은 얇은 비단도 뚫을 수 없고, 맹렬한 바람의 마지막 힘은 기러기 털도 날릴 수 없습니다. 처음부터 굳세지 않은 것이 아니지만 마지막 힘이 쇠약해지기 때문입니다. 그들을 치는 것은 이롭지 않으니, 화친하는 것만 못합니다."라고 하였다. 여러 신하들 가운데 의논하는 사람 중에 안국에게 동조하는 사람이 많았다. 이에 천자가 화친을 허락하였다.

《사기史記》〈한안국열전韓安國列傳〉

성어용례

» 2,000리를 두루 다녀 사람과 말이 모두 힘이 지쳐 이미 강한 쇠뇌의 마지막과 같은 형세가 되었는데, 더욱이 오늘 역참에서 쉬지도 않은 데다 만약 천산을 간다면 연 6일을 계속해서 달려가게 되는 것이니, 이것이 일곱 번째의 어려움이었다. [二千里跋涉 人馬力盡 已爲强弩之末勢 而又自今日越站 若往千山 則當連六日疾馳 其難七也]

김창업金昌業, 《노가재연행일기老稼齋燕行日記》

1 極矢 : 힘이 다한 화살.

2 魯縞 : 노나라에서 나는 곱고 얇은 비단.

3 衝風 : 맹렬한 바람.

屬 무리 속　罷 고달플 피 ; 지치다　虜 사로잡을 로 ; 오랑캐　敝 해질 폐 ; 피폐하다　弩 쇠뇌 노
矢 화살 시　穿 뚫을 천　魯 노나라 로　縞 명주 호　衝 찌를 충 ; 용솟음치다　漂 떠다닐 표
鴻 기러기 홍　勁 굳셀 경　衰 쇠할 쇠　群 무리 군　附 붙을 부

29 狐假虎威

여우 호 빌릴 가 범 호 위엄 위

여우가 호랑이의 위세를 빌리다

남의 세력을 빌어 위세를 부림

유 假虎威狐 借虎威狐

以A爲B
:A를 B라고 여기다/삼다
A以爲B
:A가 B라고 생각하다

虎求百獸而食之라가 得狐라 狐曰 子無敢食我也하라 天帝使我長百獸니 今子食我면 是逆天帝命也라 子以我爲不信인댄 吾爲子先行하리니 子隨我後하여 觀百獸見我而敢不走乎하라 虎以爲然이라 故遂與之行한대 獸見之하고 皆走어늘 虎不知獸畏己而走也하고 以爲畏狐也러라

호랑이가 모든 짐승을 찾아서 잡아먹다가 여우를 잡았다. 그러자 여우가 "그대는 감히 나를 잡아먹지 못한다. 하느님이 나를 모든 짐승의 우두머리가 되게 했으니, 지금 그대가 나를 잡아먹으면, 이것은 하느님의 명령을 어기는 것이다. 그대가 나를 믿지 못하겠다면, 내가 그대를 위해 먼저 갈 것이니, 그대는 내 뒤를 따라 오면서 많은 짐승이 나를 보고도 감히 달아나지 않는가를 보아라."라고 하니, 호랑이도 그렇다고 생각하였다. 그러므로 마침내 그와 가는데, 짐승들이 그를 보자마자 모두 달아났다. 호랑이는 짐승들이 자기를 두려워하여 달아나는 것을 알지 못하고, 여우를 두려워한다고 생각하였다.

《전국책戰國策》〈초책楚策〉

CV13329

獸 짐승 수　隨 따를 수　遂 드디어 수 ; 마침내　畏 두려워할 외

성어용례

» 이미 투서기기投鼠忌器[1] 할 일이 없는데, 어찌하여 호가호위를 걱정하겠는가? [已無投器鼠 何患假威狐] 이색李穡, 〈견흥遣興〉

① 投鼠忌器 : 돌을 던져 쥐를 잡고 싶으나 곁에 있는 그릇을 깰까 봐 꺼린다는 뜻으로, 임금 곁의 간신을 제거하려 해도 임금에게 누가 미칠까 두려워함을 비유한 말이다.

» 누가 형세가 서로 연관되도록 했는가, 여우가 호랑이의 위엄 빌린 게 귀신 같네. 은거한 것 때문에 되레 화를 전가하다니, 소인의 정태가 일간에 더 새로워졌구나. [誰敎形勢自相因 狐假虎威如有神 只爲逃形翻嫁害 小人情態日來新] 이색李穡, 〈유감有感〉

» 괴이하고 요괴한 짓 멋대로 부리는 늙은 여우, 사람들 다투어 활로 쏘아 죽이려는 것을 어찌 알리. 여우가 호랑이의 위엄을 빌리니 곰들이 벌벌 떨었고, 여우가 남자로 변하여 유혹하니 여자들 줄줄 몰려들었지. [騁怪馳妖老野狐 那知有手競張弧 威能假虎熊羆慴 媚或爲男婦女趨] 이달충李達忠, 〈신돈辛旽〉

3부

존현尊賢
인내忍耐
교육敎育
학습學習
포부抱負
노력努力

30 吐哺握髮[1]

뱉을 토 먹을 포 쥘 악 머리털 발

머금은 음식을 뱉고 머리카락을 움켜쥐다

손님에 대한 극진한 대우, 군주가 어진 인재를 예의를 갖추어서 맞이함

(유) 握沐 握髮 握髮吐哺 吐握 吐哺 吐哺捉髮

使AB : A에게 B하게 하다

以AB : A로써 B하다

武王崩하니 周公相成王이라 而使其子伯禽으로 代就封於魯하고 戒之曰 我文王之子요 武王之弟며 成王之叔父니 我於天下에 亦不賤矣라 然我一沐三握髮하고 一飯三吐哺하여 起以待士로되 猶恐失天下之賢人이라 子之魯하여 愼無以國驕人하라

무왕武王이 붕어하자, 주공周公이 성왕成王을 도왔다. 그리고 그의 아들 백금伯禽으로 하여금 자기 대신 봉지인 노魯나라로 가게 하면서 그에게 경계하기를 "나는 문왕文王의 아들이고 무왕의 동생이며 성왕의 숙부이니, 나는 천하 사람 중에 천하지 않다. 그러나 나는 한 번 머리를 감을 때에도 세 번이나 머리카락을 움켜쥐고 나갔고, 한 번 밥을 먹을 때에도 세 번이나 머금은 음식을 뱉고서 일어나 선비를 맞이했다. 그래도 오히려 천하의 어진 사람을 잃을까 걱정했다. 네가 노나라로 가면, 삼가 제후로서 사람들에게 교만하지 말라."라고 하였다.

《몽구蒙求》

1 《사기史記》〈노주공세가魯周公世家〉에는 이보다 상세히 기록되어 있다.

CV13418

崩 무너질 붕 周 두루 주 相 서로 상 ; 돕다 封 봉할 봉 沐 머리감을 목 握 쥘 악
吐 토할 토 ; 뱉다 哺 먹일 포 ; 머금은 음식 恐 두려울 공 愼 삼갈 신 驕 교만할 교

[그림 16] 주공周公

[그림 17] 무왕武王

[그림 18] 성왕成王

31 臥薪嘗膽

누울 와 땔나무 신 맛볼 상 쓸개 담

땔나무에 눕고, 쓸개를 맛보다

원수를 갚기 위하여 어려움과 괴로움을 참고 견딤, 목표를 이루기 위하여 어려움과 괴로움을 참고 견딤

㊒ 嘗膽 切齒扼腕 會稽之恥

吳伐越이라가 闔廬傷而死어늘 子夫差立하니 子胥復事之라 夫差志復讐하고 朝夕臥薪中하여 出入使人呼曰 夫差야 而忘越人之殺而父邪아하니라

A邪 : A인가?

오吳나라가 월越나라를 쳤으나, 오나라 왕인 합려闔廬가 부상당하여 죽었다. 아들 부차夫差가 즉위하니, 오자서는 다시 그를 섬겼다. 부차는 원수를 갚을 것을 마음먹고, 아침저녁으로 땔나무 속에 누워, 출입할 때 사람으로 하여금 "부차여! 너는 월나라 사람이 너의 아버지를 죽인 것을 잊었는가?"라고 말하게 하였다.

周敬王二十六年에 夫差敗越于夫椒하니 越王句踐이 以餘兵棲會稽山하여 請爲臣하고 妻爲妾이라 子胥言不可로되 太

請A : A하기를 청하다

CV13330

闔 문짝 합 廬 농막집 려 差 다를 차 胥 서로 서 志 뜻 지 ; ~할 마음을 먹다 讐 원수 수 而 말이을 이 ; 너 邪(=耶) 어조사 야 周 두루 주 越 넘을 월 ; 월나라 椒 산초나무 초 踐 밟을 천 以 써 이 ; 거느리다 棲 깃들일 서 ; 머무르다 稽 상고할 계 妾 첩 첩

宰[1]伯嚭(비)受越賂하고 說夫差赦越이라 句踐反國하여 懸膽於坐臥하고 卽仰膽嘗之曰 女忘會稽之恥邪아하니라 擧國政屬大夫種하고 而與范蠡[2]治兵하여 事謀吳라

주나라 경왕 26년, 부차는 부초산夫椒山에서 월나라를 격퇴했다. 월나라 왕인 구천句踐은 남은 병사들을 거느리고 회계산會稽山에 머무르면서 자신은 신하가 되고 아내는 첩이 되겠다고 요청했다. 오자서는 "요청을 들어주어서는 안 된다."라고 했지만, 태재太宰인 백비伯嚭가 월나라에서 뇌물을 받고 부차에게 월나라를 용서하게 설득했다. 구천은 나라로 돌아가서 앉고 눕는 곳에 쓸개를 매달아 두고 그것을 쳐다보면서 맛을 보고는 "너는 회계산의 수치를 잊었느냐?"라고 하였다. 모든 나라의 정치는 대부인 종種에게 맡기고, 범려范蠡와 군대를 다스리며 오나라 정벌을 모의하는 일에 몰두하였다.

뒷 이야기 태재 백비가 오자서를 참소하니, 부차는 마침내 오자서에게 촉루屬鏤라는 명검(검을 내리는 것은 그것으로 자결하라는 의미)을 내렸다. 오자서가 그 집 사람에게 "반드시 내 무덤에 〈관곽棺槨의 재료로 쓰는〉 개오동나무를 심어라. 개오동나무는 〈부차의 관을 만드는 데〉 재료로 삼을 만한 것이다. 그리고 내 눈을 도려내어 동쪽 문에 걸어두어라. 월나라 군대가 오나라를 멸망시키는 것을 볼 것이다."라고 하고 마침내 자결하였다. 부차는 그 주검을 취하여 말가죽 주머니에 담

---

1 太宰 : 나라의 육전六典을 세워 육관六官을 총괄하며, 임금을 보좌하여 나라를 다스리는 일을 맡았던 총리 관직이다.

2 范蠡 : 월越나라의 대부로, 자는 소백少伯이다. 문종文種의 친구로, 월나라가 오나라에 패배하자 문종은 나라를 지키고 그는 오나라에 화해를 요청하여 구천을 따라 3년 동안 오나라에서 신복臣僕으로 있었다. 상장군上將軍에 올랐으나, 높은 명성을 얻은 뒤에는 구천과 오래 함께하기 어렵다는 사실을 깨닫고 벼슬을 내어놓고 서시西施와 더불어 오호五湖에 배를 띄우고 놀았다고 한다. 나중에 스스로 치이자피鴟夷子皮라 일컫고 재물을 모았다가 그 재물을 모두 흩어 백성들에게 나누어 준 다음 다시 도陶 땅에 가서 호를 도주공陶朱公이라 일컬었다.

宰 재상 재　嚭 클 비　賂 뇌물 뇌　赦 용서할 사　懸 달 현　女 여자 여 ; (=汝)너　恥 부끄러울 치
擧 들 거 ; 모두　屬 이을 촉 ; 맡기다　范 성씨 범　蠡 옴 라 ; 좀 먹을 려　謀 꾀 모　吳 오나라 오

아서(술을 담는데 쓰는 가죽 주머니) 강에 던져버렸다. 오나라 사람들이 그를 불쌍히 여겨, 강가에 사당을 세워 '서산胥山'이라 불렀다. 월나라는 국력을 양성하고 10년 동안 백성을 가르치고 훈련하였다.

주나라 원왕 4년, 월나라가 오나라를 공격하니 오나라는 세 번 싸워 세 번 패했다. 부차는 고소대姑蘇臺에 올라 월나라에 화친을 청하고는, 헝겊으로 얼굴을 가리고 마침내 죽었다. 《십팔사략十八史略》 권1 〈춘추전국春秋戰國 오吳〉

• 고소대 : 오나라의 왕 부차夫差가 고소산姑蘇山 위에 쌓은 대이다. 부차는 월나라를 무찌르고 얻은 서시西施 등 천여 명의 미녀를 이곳에 살게 하였다고 한다.

성어용례

» 오늘날 온통 삭막하다 저어할 게 뭐 있으랴? 우리 임금 계신 곳도 쓸개가 달렸는걸. [此日那辭渾索莫 吾王在處膽仍懸] 최립崔岦, 〈차남호수견증운次南湖叟見贈韻〉

32 孟母斷機

만 맹 어미 모 끊을 단 베틀 기

맹자의 어머니가 베틀의 실을 끊다

중도에 그만두면 아무 쓸모가 없음

㊒ 斷機之教 斷機之戒 鍥而不舍 金石可鏤

孟子之少也에 旣學而歸하니 孟母方績이라가 問曰 學何所至矣오하니 孟子曰 自若也니이다 孟母以刀斷其織하니 孟子懼하여 而問其故한대 孟母曰 子之廢學은 若吾斷斯織也라하니 …… 孟子懼하여 旦夕勤學不息하며 師事子思[1]하여 遂成天下之名儒라

A之B也 : A가 B할 때
何所A矣 : 어느 곳에 A한가?

맹자孟子가 어렸을 때 공부를 마치고 집으로 돌아왔는데, 맹자의 어머니가 한창 베를 짜고 있다가 "학문이 어느 정도까지 이르렀느냐?"라고 물었다. 맹자는 "예전과 같습니다."라고 대답하였다. 맹자의 어머니가 칼로 그 베를 끊자, 맹자가 두려워서 그 까닭을 물으니 맹자의 어머니는 "네가 학문을 그만두는 것은 내가 이 베를 끊는 것과 같다."라고 하였다. …… 맹자가 두려워서 밤낮으로 부지런히 배워 쉬지 않았으며, 자사子思를 스승으로 섬겨 마침내 천하의 이름난 선비가 되었다.

《열녀전烈女傳》〈모의전母儀傳〉

1 子思 : B.C.483~B.C.402. 공자孔子의 손자로 이름 급伋, 자는 자사子思이다. 증자曾子의 제자로, 유학의 전승에 힘썼으며 사서四書의 하나인 《중용中庸》의 저자로 알려져 있다.

績 길쌈 적 ; 실을 뽑다　織 짤 직 ; 직물　懼 두려워할 구　故 연고 고 ; 까닭
廢 폐할 폐 ; 그치다　斯 이 사　旦 아침 단　息 쉴 식　儒 선비 유

CV13332

성어용례

» 옳은 길로 인도함은 맹자 어머니의 가정교육에 못지않고, 정절과 규범은 신국부인보다 나았네. [義方不謝孟庭訓 貞範寧辭申國①風] 정탁鄭琢, 〈만서애상국대부인輓西厓相國大夫人〉

① 申國 : 송나라의 명신인 여희철呂希哲의 어머니 신국申國 부인을 말한다. 참정參政 노종도魯宗道의 딸인데, 성품이 엄하고 법도가 있어 아들을 심히 사랑하였으나, 모든 일을 반드시 예법을 따르도록 엄격하게 가르쳤다.

» 고을에서는 학교를 헐어버리자는 의논이 없게 되었고, 집에서는 베틀을 끊어버린 어머니가 생겨났다. [得鄕無毁校之議 家有斷機之親]

최치원崔致遠, 〈견숙위학생수령등입조장遣宿衛學生首領等入朝狀〉

33 孟母三遷之教

맏맹 어미모 석삼 옮겨갈천 어조사지 가르칠교

맹자의 어머니가 세 번 이사를 한 가르침

주위 환경의 중요함

유 孟母三遷 三遷之教

鄒孟軻之母也는 號孟母니 其舍近墓라 孟子之少也에 嬉遊爲墓間之事한대 踴躍築埋어늘 孟母曰 此非吾所以居處子也라하고 乃去舍市傍하니 其嬉戲에 爲賈(고)人衒賣之事어늘 孟母又曰 此非吾所以居處子也라하고 復(부)徙舍學宮之傍이라 其嬉遊에 乃設俎豆[1]揖讓進退어늘 孟母曰 眞可以居吾子矣라하고 遂居之라

A之B也 : A의 B는
A之B也 : A가 B할 때
所以A : A할 곳
可以A : A할 만하다

추鄒나라 맹가孟軻의 어머니는 '맹모孟母'라고 불렀는데, 그의 집이 묘지에서 가까웠다. 맹자가 어렸을 때, 묘지에서 하는 장례일을 하면서 노는데, 발을 구르며 땅을 다지고 묻으며 놀았다. 맹자의 어머니는 "이곳은 내가 아들을 거처하게 할 곳이 아니다."라고 하고는 마침내 떠나서 시장 근처에서 살았는데, 그러자 맹자가 즐기며 노는 것이 장사꾼이 물건을 파는 일이었다. 맹자의 어머니는 또 "이곳은 내가 아들을 거처하게 할 곳이 아니다."라고 하고는 다시

1 俎豆 : 조俎는 고기를 담는 제기, 두豆는 채소를 담는 제기.

鄒 추나라 추　軻 수레 가　墓 무덤 묘　嬉 아름다울 희 ; 놀다　踴 뛸 용　躍 뛸 약
築 쌓다 축 ; 다지다　埋 묻을 매　舍 집 사 ; 살다　傍 곁 방　戲 놀이 희　賈 장사 고
衒 자랑할 현 ; 팔다　徙 옮길 사　宮 집 궁　揖 읍할 읍

CV13333

이사하여 학교 근처에 살았다. 그러자 맹자가 즐기며 노는 것이 바로 제기를 진열하고서 읍하고 사양하며 나아가고 물러나는 예법이었다. 맹자의 어머니가 "참으로 나의 아들을 거처하게 할 만하구나."라고 하고, 드디어 그곳에 살았다.

《열녀전列女傳》〈모의전母儀傳〉

성어용례

» 어미는 아들 교육 잘 시켜 부모 이름 빛냈으니, 맹모삼천孟母三遷 못지않다 다투어 말했다오. [母能成子子顯親 爭道三遷未專美]

윤증尹拯, 〈초려대부인만草廬大夫人挽〉

» 삼공의 배필이 되어 세 번 이사한 가르침을 행하니, 다섯 아들 줄줄이 다섯 과거 방목에 뛰어났네. [三公作配三遷教 五子聯芳五榜賢]

서거정徐居正, 〈이의정처씨만사李議政妻氏挽詞〉

34 鵬程萬里

붕새 붕 길 정 일만 만 거리 리

붕새 노정이 만 리다

머나먼 노정, 또는 사람의 앞날이 매우 요원함

(유) 圖南 圖南鵬翼 圖南之翼

北冥有魚하니 其名爲鯤(곤)이니 鯤之大는 不知其幾千里也라 化而爲鳥하니 其名爲鵬(붕)이니 鵬之背는 不知其幾千里也라 怒而飛면 其翼若垂天之雲이라

A若B : A가 B와 같다

북쪽 바다에 물고기가 있는데, 그 이름은 곤鯤이라고 한다. 곤의 크기는 몇 천 리인지 알 수 없다. 변하여 새가 되는데, 그 이름은 붕鵬이라고 한다. 붕의 등은 몇 천 리인지 알 수 없다. 세차게 날아오르면 그 날개는 하늘을 드리운 구름과 같다.

是鳥也는 海運[1]하면 則將徙於南冥이라 南冥者는 天池也라 齊諧[2]者는 志怪者也라 諧之言曰 鵬之徙於南冥也에 水

A之B於C也 : A가 C에 B할 때

1 海運 : 음양陰陽의 기운이 교대하는 것을 상징한다.

2 齊諧 : 책명冊名이다. 인명人名이라는 설도 있다.

冥 어두울 명 ; (=溟)바다 鯤 곤이 곤 背 등질 배 ; 등 怒 성낼 노 ; 세차다 翼 날개 익
垂 드리울 수 徙 옮길 사 齊 가지런할 제 諧 화할 해 志 뜻 지 ; 기록하다 怪 괴이할 괴
搏 두드릴 박 搖 흔들 요 息 쉴 식

CV13334

擊三千里하고 搏扶搖[1]而上者九萬里라 去以六月息者也

라하다

이 새는 바다가 움직이면 남쪽 바다로 날아가려고 한다. 남쪽 바다는 하늘의 연못이다. 《제해齊諧》는 괴이한 것을 기록한 책이다. 《제해》에 이르기를 "붕이 남쪽 바다로 옮겨갈 때, 수면을 3천 리 치고 회오리바람을 쳐서 올라가는 것이 9만 리이다. 6개월을 난 뒤에 쉰다."라고 하였다. 《장자莊子》〈소요유逍遙遊〉

성어용례

» 붕정만리鵬程萬里 그 포부 날개가 부러지고, 청운의 꿈 조회 길에 끝나고 말았구나. [鵬圖仍折翼 雲路罷朝天] 장유張維, 〈박첨지동망만시朴僉知東望挽詩〉

» 평소 장대한 뜻 붕새의 쉼을 생각하였는데, 만년에 오활한 자취 벼슬살이 따라 굽혔네. 서실에는 이제 먼지가 시축詩軸에 가득할 뿐이니, 떠나가서 밭 갈고 누에치는 것만 못하리. [平生壯志思鵬息 晩歲疎蹤屈鷺行① 書室只今塵滿軸 不如携去返耕桑]

이의현李宜顯, 〈자술自述〉

① 鷺行 : 조정에 신하들이 반차班次에 따라 정렬한 모양을 말한다.

1 扶搖 : 회오리바람.

35 愚公移山

어리석을 우 공평할 공 옮길 이 산 산

우공이 산을 옮기다

불가능해 보이는 일도 끊임없이 노력하면 반드시 이루어짐

유 磨斧作針 山溜穿石 水滴穿石 十伐之木 積小成大 積土成山 塵合泰山

太形王屋二山은 方七百里요 高萬仞이니 本在冀州之南 河陽之北이라 北山愚公者는 年且九十으로 面山而居에 懲山北之塞(색)하고 出入之迂也라

如A何 : A를 어찌하리오?

태형산太形山과 왕옥산王屋山은 사방 칠백 리이며, 높이가 만 길이다. 원래는 기주冀州의 남쪽, 하양河陽의 북쪽에 있었다. 북산北山에 사는 우공愚公은 나이가 장차 90살이 되는 이로, 산을 마주보고 살았다. 산의 북쪽이 막혀서 나가고 들어올 때 멀리 돌아야 하는 것을 괴로워하였다.

聚室而謀曰 吾與汝畢力平險하여 指通豫南하고 達于漢陰[1]이 可乎아하니 雜然相許라 其妻獻疑曰 以君之力으론 曾不能損魁父之丘하니 如太形王屋何오 且焉置土石고하니 雜

A可乎 : A함이 어떤가?
如A何 : A를 어찌하려는가?

1 陰 : 풍수에서 산의 북쪽과 물의 남쪽을 음陰이라 한다.

仞 길 인 ; 8척 冀 바랄 기 州 고을 주 懲 징계할 징 ; 괴로워하다 塞 막힐 색
迂 멀 우 ; 길이 빙 돌아 멀다 聚 모을 취 室 집 실 ; 가족 謀 꾀 모 ; 상의하다
畢 마칠 필 ; 다하다 險 험할 험 豫 미리 예 指 가리킬 지 ; 향하다 焉 어찌 언 ; 어디
雜 섞일 잡 ; 모두

CV13335

A諸B : B에 A하다

曰 投諸(저)渤海之尾와 隱土之北이라하다

그래서 가족들을 모아 상의하며 "내가 너희들과 함께 힘을 다해 험준한 산을 평평하게 하여 예주豫州의 남쪽으로 통하고 한수漢水의 남쪽으로 이르게 하려는데, 괜찮겠느냐?"라고 하니, 너도나도 동의하였다. 그의 아내가 의문을 표하며 "당신의 힘을 가지고는 일찍이 괴보魁父의 언덕도 낮출 수 없었는데, 태형산과 왕옥산을 어찌하려 하십니까? 또 흙과 돌은 어디에 버릴 겁니까?"라고 하니, 모두 "발해渤海의 끝머리나 은토隱土의 북쪽에 그것을 버리자."라고 하였다.

遂率(솔)子孫荷擔者三夫하고 叩石墾壤하여 箕畚運於渤海之尾라 隣人京城氏之孀妻에 有遺男[1]始齔하니 跳往助之라 寒暑易節이라야 始一反焉이라

마침내 아들, 손자들과 짐꾼 셋을 거느리고 돌을 두드려 깨고 땅을 개간하여 키와 삼태기로 발해의 끝머리로 운반하였다. 이웃 사람인 경성씨京城氏의 과부에게 젖니를 갈기 시작한 유복자가 있었는데, 뛰어가 이따금 그들을 거들었다. 〈그들은 흙과 돌을 운반하러 가면〉 겨울과 여름이 계절이 바뀌어야 비로소 한 번 돌아왔다.

A矣B : A하구나! B여
如A何 : A를 어찌하려는가?

河曲智叟笑而止之曰 甚矣로다 汝之不惠여 以殘年餘力으론 曾不能毁山之一毛이니 其如土石何오하니 北山愚公長

1 遺男 : 태어나기 전에 아버지를 여읜 자식을 가리키는 말(=유복자遺腹子, 유자遺子).

諸 어조사 저 (=之於의 준말)　渤 바다 이름 발　尾 꼬리 미 ; 끝, 뒤　隱 숨을 은　遂 따를 수 ; 마침내
率 거느릴 솔　荷 멜 하　擔 멜 담　叩 두드릴 고　墾 개간할 간　壤 흙덩이 양　箕 키 기
畚 삼태기 분　隣(=鄰) 이웃 린　孀 과부 상　齔 젖니갈 츤　跳 뛸 도　惠(=慧) 지혜로울 혜
殘 남을 잔　毀 헐 훼　固 굳을 고　徹 통할 철　曾 일찍 증 ; (=乃)바로　叟 늙은이 수　毁 헐 훼

息曰 汝心之固하여 固不可徹하니 曾不若孀妻弱子라

不若A : A만 못하다

하곡河曲의 지수智叟가 비웃으며 그들을 만류하며 "심하군요! 당신의 지혜롭지 못함이. 남은 목숨과 남은 힘으로는 애당초 산의 터럭 하나조차도 허물 수가 없는데, 흙과 돌 같은 것을 어찌 하려는가?"라고 하니, 북산의 우공이 길게 한숨을 내쉬며 "당신의 생각은 고루하여 진실로 통할 수가 없으니, 바로 과부의 어린 아들만 못하네.

雖我之死라도 有子存焉이요 子又生孫하고 孫又生子요 子又有子하고 子又有孫하여 子子孫孫이 無窮匱也나 而山不加增이니 何苦而不平이리오하다 河曲智叟亡以應이라

何A : 어찌 A하겠는가?
亡以A : A할 수 없다

비록 내가 죽더라도 살아있는 아들이 있소. 자식이 또 손자를 낳고, 손자는 또 자식을 낳지. 자식은 또 자식이 있고, 자식은 또 손자가 있소. 자자손손 대대로 끝이 없으나, 산은 늘어나지 않으니, 어찌 괴로워하면서 평탄케 하지 못하겠는가?"라고 하였다. 하곡의 지수가 대답할 수 없었다.

操蛇之神[1]聞之하고 懼其不已也하여 告之於帝라 帝感其誠하여 命夸蛾氏[2]二子負二山하여 一厝朔東하고 一厝雍南이라 自此로 冀之南과 漢之陰에 無隴斷[3]焉이라

命AB
: A에 명하여 B하게 하다

1 操蛇之神 : 산을 관장하는 신으로, 손에 뱀을 들고 있다고 한다.

2 夸蛾氏 : 신화에 등장하는 힘이 센 신이다.

3 隴斷 : 깎아 세운 것처럼 높이 솟은 언덕.

焉(=於此) 어조사 언　窮 다할 궁　匱 다할 궤　亡(=無) 없을 무　厝(=措) 둘 조　操 잡을 조
蛇 뱀 사　懼 두려워할 구 ; 염려하다　夸 자랑할 과　蛾 나방 아　負 질 부　朔 초하루 삭　雍 화할 옹
隴 고개 이름 롱　斷 끊을 단

산신이 이 말을 듣고 우공이 그만두지 않을 것을 염려하여 천제天帝에게 알렸다. 천제는 우공의 정성에 감동하여, 과아씨夸蛾氏의 두 아들에게 두 산을 짊어지게 하여 하나는 삭동朔東에 두고 하나는 옹남雍南에 두게 하였다. 이로부터 기주의 남쪽과 한수의 남쪽에 험준한 언덕이 없게 되었다.

《열자列子》〈탕문湯問〉

성어용례

» 한 가문에 세 사람의 절개로 집안 명성 떨쳤으니, 왕옥산도 오히려 대대로 넓고 평탄케 할 수 있으리라. [一門三節振家聲 王屋猶能世廣平] 김수항金壽恒, 〈윤영산만尹靈山挽〉

36 梁上君子

대들보 량 윗 상 군자 군 아들 자

대들보 위의 군자

도둑이나 쥐를 달리 일컫는 말

(유) 草頭天子 無本大商 綠林豪傑

陳寔[1]은 字仲弓이요 潁川許人也라 …… 寔在鄕閭에 平心率物[2]하여 其有爭訟이면 輒求判正하니 曉譬曲直하여 退無怨者라 至乃歎曰 寧爲刑罰所加언정 不爲陳君所短이라하다

> A輒B : A하기만 하면 B하다
> 寧A不B : 차라리 A하지 B하지는 않겠다
> 爲A所B : A에게 B하는 바 되다

진식陳寔은 자가 중궁仲弓이요, 영천潁川 허許 땅 사람이다. …… 진식이 마을에 있을 때 마음을 공평하게 하여 여러 사람들의 본보기가 되었다. 다투어 소송할 일이 생기면 그때마다 진식에게 판정을 구하니, 진식은 옳고 그름을 정확히 깨우쳐주므로 물러나 원망하는 사람이 없었다. 심지어는 "차라리 형벌을 받을지언정 진식에게 비난받지 않겠다."라고 탄식하기도 하였다.

時歲荒民儉하여 有盜夜入其室하여 止於梁上이라 寔陰見

---

1 陳寔 : 후한後漢 말 사람으로, 두 아들 진기陳紀와 진심陳諶과 더불어 '삼군三君'으로 불릴 정도로 덕망이 있었으며, 난형난제難兄難弟라는 고사성어와 관련이 있다.

2 率物 : 여러 사람의 본보기가 됨.

陳 베풀 진　寔 이 식　仲 버금 중　潁 강 이름 영　閭 마을 려　率 거느릴 솔 ; 본보기, 모범
訟 소송할 송　輒 문득 첩 ; 번번이　曉 새벽 효 ; 밝다　譬 비유할 비 ; 깨우치다　歎 탄식할 탄
寧 편안할 녕 ; 차라리　短 짧을 단 ; 과실을 지적하다　荒 거칠 황 ; 흉년이 들다
儉 검소할 검 ; 넉넉하지 못하다　盜 도둑 도　陰 그늘 음 ; 몰래

CV13337

不可不A
: A하지 않을 수 없다
未必A
: 반드시 A한 것만은 아니다

하고 乃起自整拂하고 呼命[1]子孫하여 正色訓之曰 夫人不可不自勉이리오 不善之人도 未必本惡이라 習以性成하여 遂至於此니 梁上君子者是矣라하니 盜大驚하여 自投於地하여 稽顙歸罪하니 寔徐譬之曰 視君狀貌하니 不似惡人이라 宜深剋己反善하라 然此當由貧困이라하고 令遺絹二匹하니 自是一縣無復盜竊이라

그해 흉년이 들어 백성들이 넉넉하지 못하였다. 어떤 도둑이 밤에 그의 방으로 들어와 대들보 위에 머물렀다. 진식이 몰래 보고는 마침내 일어나 스스로 정돈을 하고는 자손들을 호명하여 정색을 하며 가르치기를 "무릇 사람은 스스로 힘쓰지 않아서는 안 된다. 착하지 않은 사람도 반드시 본래부터 악한 것만은 아니었다. 습관이 본성을 이루어 마침내 이러한 지경에 이른 것이다. 대들보 위에 있는 군자가 이런 사람이다."라고 하니, 도둑이 매우 놀라 스스로 땅으로 내려와 이마가 땅에 닿도록 조아리면서 죄를 인정하였다. 진식이 천천히 그를 깨우치며 "그대의 모습을 보니, 악한 사람 같지는 않구려. 마땅히 자기의 사욕私欲을 확실히 이기고 선으로 돌아가야 할 것이오. 그런데 이것은 분명 빈곤에서 말미암은 것이겠지요."라고 하고, 비단 두 필을 주게 했다. 이후로부터 온 고을에 다시는 도둑이 없었다. 《후한서後漢書》〈진식열전陳寔列傳〉

성어용례

» 얼마나 다행인가! 주머니 속이 깨끗이 비었으니, 아마 마룻대 위에서 엿보는 이 없으리라.
[自幸囊中淨 應無棟上窺] 이식李植, 〈도盜〉

1 呼命 : '호명呼名'과 같은 말로, 이름을 부른다는 뜻.

拂 떨칠 불 ; 털다 整 가지런할 정 稽 상고할 계 ; 조아리다 顙 이마 상 徐 천천히 할 서
剋 이길 극 狀 형상 상 貌 모양 모 似 닮을 사 宜 마땅 의 絹 비단 견 縣 고을 현

37 鷄肋

닭 계 갈비 륵

닭의 갈비

먹을 것은 없지만 버리기에는 아까운 것, 큰 이익이 없거나 쓸모는 없지만 포기하기에는 아까운 것

(유) 兩手執餠 僧梳

修[1]字德祖이며 好學하고 有俊才하며 爲丞相曹操主簿하여 用事曹氏라 及操自平漢中하여 欲因討劉備나 而不得進하고 欲守之나 又難爲功이라 護軍[2]不知進止何依라

不得A : A할 수 없다

양수楊修는 자가 덕조德祖이며, 학문을 좋아하였고 뛰어난 재주가 있었으며, 승상丞相 조조曹操의 주부主簿가 되어 조씨를 위해 일했다. 조조가 친히 한중漢中을 평정하고서 이 기세를 타고 유비劉備를 치려고 하였으나, 진격할 수 없었고 그곳을 지키고 싶어도 공을 이루기 어려웠다. 호군護軍들은 진격과 후퇴 중에 어느 쪽을 따라야 할지 알지 못하였다.

---

1 修 : 양수楊修(175~219)는 후한後漢 말기 인물로, 청백리로 유명한 양진楊震의 현손玄孫이며, 양표楊彪의 아들이다. 조조曹操의 아들 조식曹植의 문우文友로 지내면서 그를 태자로 만들려고 계획했지만 조식이 총애를 잃었다. 조조는 그의 지략이 남다른 것을 미워하였고, 그가 원술袁術의 조카인 것이 빌미가 되어 후환이 있을까 염려해 살해했다. 후에 조조가 양표에게 왜 그리 야위었는지 물어보자 양표는 "늙은 소가 송아지를 핥아주는 애정을 아직도 지니고 있어서 그렇다.[猶懷老牛舐犢之愛]"라고 대답했다고 한다.

2 護軍 : 호군장군護軍將軍이나 중호군中護軍으로, 중앙군대를 담당한다.

俊 준걸 준 ; 뛰어나다 丞 정승 승 曹 성씨 조 簿 문서 부 討 칠 토 劉 성씨 류
得 얻을 득 ; (=能)~할 수 있다 護 도울 호

CV13339

A而已 : A일 뿐이다
如可A : A할 듯하다

操於是出教호대 唯曰 鷄肋而已라하니 外曹莫能曉라 修獨曰 夫鷄肋은 食之則無所得이요 棄之則如可惜이니 公歸計決矣라하고 乃令外白稍嚴하니 操於此廻師라

조조가 이에 군호軍號를 내렸는데, 단지 '닭의 갈비'라고 말할 뿐이었다. 조조 외에는 이해할 수 있는 사람이 없었는데, 양수만이 홀로 "무릇 닭의 갈비는 그것을 먹자니 먹을 것이 없고, 그것을 버리자니 아쉬울 만한 것이니, 공께서는 돌아갈 계획을 결정하신 것이다."라고 하였다. 이에 외부에 명하여 차츰차츰 준비하게 하니, 조조는 이에 군사를 돌렸다.

《후한서後漢書》〈양진열전楊震列傳〉

성어용례

» 공명은 계륵을 맛보는 것과 다름이 없고, 세상맛이란 말의 간을 먹는 것과 무엇이 다르랴?
[功名無異嘗鷄肋 世味何殊食馬肝①] 류호柳壕, 〈기선경寄善卿〉

① 食馬肝 : 말의 간은 독이 있어 사람이 먹으면 죽는다고 한다. 《사기史記》〈유림열전儒林列傳〉에서, "사람들이 말고기만 먹고 말의 간은 먹지 않는다고 맛을 모른다고 할 수 없소. 학자들이 탕왕과 무왕이 천명天命을 받은 문제를 말하지 않아도 어리석은 사람이 되지 않는다는 뜻이라오.[食肉不食馬肝 不爲不知味 言學者無言湯武受命 不爲愚]"라고 하였다.

[그림 19] 조조曹操

敎 가르칠 교 ; 군호(軍號)　曉 깨달을 효　棄 버릴 기　惜 아낄 석 ; 아깝다　稍 점점 초
嚴 엄할 엄 ; 채비하다　廻 돌 회

38 三顧草廬

셋 삼 돌아볼 고 풀 초 초가집 려

· 세 번 초가집을 돌아보다

인재를 얻기 위하여 최선을 다해 노력하는 것

(유) 三顧 三顧之禮 草廬三顧

時先主[1]屯新野어늘 徐庶[2]見先主한대 先主器之하니 謂先主曰 諸葛孔明者는 臥龍[3]也니 將軍豈願見之乎아하니 先主曰 君與俱來하라 庶曰 此人可就見이오 不可屈致也니 將軍宜枉駕[4]顧之니이다 由是先主遂詣亮하여 凡三往乃見이라

謂A曰B : A에게 B라 말하다
豈A乎 : 어찌 A하겠는가?
A乃B : A하고서야 B하다

선주先主 유비劉備가 신야新野에 주둔하고 있을 때였다. 서서徐庶가 유비를 만났는데, 유비가 그를 중히 여기자, 유비에게 "제갈공명諸葛孔明은 누워 있는 용입니다. 장군께서는 어찌 그를 만나보려고 하지 않으십니까?"라고 하니, 유비가 "그대가 가서 함께 오시오."라고 하였다. 서서가 "이 사람은 나아가 만날

1 先主 : '선대의 군주'나 '전에 섬기던 군주'라는 의미로, 여기서는 유비劉備를 가리키는 말로 쓰였다.

2 徐庶 : 삼국시대 촉나라 영천潁川 사람으로, 유비의 참모이고, 자는 원직元直, 본명은 복福이다. 젊었을 때는 임협任俠으로 칼을 쓰며 살다가 나중에 생각을 고쳐 학문에 힘썼다. 난리를 피해 형주荊州에 살았는데 제갈량諸葛亮과 친구로 사귀었다.

3 臥龍 : 누워있는 용이라는 뜻으로, 앞으로 큰일을 할 사람이나 때를 만나지 못한 큰 인물을 비유하여 사용하는 말이다.

4 枉駕 : 남의 방문을 이르는 경칭敬稱(=왕림枉臨).

屯 진칠 둔 ; 주둔하다　徐 천천히 할 서　庶 여러 서　器 그릇 기 ; 훌륭한 인재로 중히 여기다
葛 칡 갈　臥 누울 와　龍 용 룡　豈 어찌 기　屈 굽힐 굴　宜 마땅 의　枉 굽을 왕
駕 멍에 가　詣 이를 예　亮 밝을 량　凡 무릇 범 ; 모두

CV13423

수는 있지만, 굽혀서 부를 수는 없습니다. 장군께서 마땅히 자신을 굽혀 그를 찾아가야 합니다."라고 하였다. 이로 말미암아 유비는 마침내 제갈량을 찾아갔고, 모두 세 번을 가서야 겨우 만났다. 《삼국지三國志》〈제갈량전諸葛亮傳〉

성어용례

» 삼고초려三顧草廬의 지성스런 초빙 받고는, 어려운 시국을 잊고 심혈을 쏟았지. [自從三聘勤 嘔血忘時屯] 이현일李玄逸, 〈영사詠史〉

» 영웅의 공업을 마땅히 거대하게 펼 수 있으리, 공명도 당일에 초가집에서 일어났으니. [功業英雄當磊落 孔明當日起茅廬] 서거정徐居正, 〈촌가음후村家飮後〉

[그림 20] 유비劉備

[그림 21] 제갈공명諸葛孔明

39 髀肉之嘆

넓적다리 비 살 육 어조사 지 탄식할 탄

넓적다리 살에 대한 탄식

뜻을 펴지 못하고 허송세월하는 것을 한탄함, 영웅이 때를 만나지 못하여 싸움에 나가지 못하고 넓적다리에 헛된 살만 찌는 것을 한탄함

㊒ 髀肉復生

起兵討操에 操擊之하니 備先奔冀州라가 領兵至汝南하고 自汝南奔荊州하여 歸劉表[1]라 嘗於表坐라가 起至厠하여 還慨然流涕라

於A : A와

〈유비劉備는〉 군대를 일으켜 조조曹操를 쳤다. 조조가 유비를 공격하니, 유비는 먼저 기주冀州로 달아났다가 군대를 거느리고 여남汝南에 이르렀다. 여남으로부터 형주荊州로 달아나 유표劉表에게 귀의하였다. 일찍이 유표와 앉아 있다가 일어나 화장실에 갔다가 돌아오는 길에 슬퍼하며 눈물을 흘렸다.

表怪問之하니 備曰 常時身不離鞍하여 髀肉皆消러니 今不復騎하여 髀裏肉生이라 日月如流하여 老將至로되 功業不建

1 劉表 : 142~208. 후한後漢 말기 사람으로, 자는 경승景升이다. 헌제獻帝 원년(190) 형주자사荊州刺史가 되었다. 조조曹操와 원소袁紹가 관도官渡에서 대치하고 있을 때, 원소가 그에게 구원을 청했지만 어느 쪽도 도와주지 않았으며, 병으로 죽자 아들 유종劉琮이 조조에게 항복했다.

討 칠 토 操 잡을 조 擊 칠 격 奔 달릴 분 ; 달아나다 冀 바랄 기 州 고을 주
荊 가시나무 형 劉 성씨 류 領 거느릴 령 厠 화장실 측 慨 슬퍼할 개 涕 눈물 체
怪 괴이할 괴 離 떠날 리 鞍 안장 안 騎 말 탈 기 裏 속 리 消 사라질 소

CV13340

是以A耳
:이 때문에 A할 뿐이다

이라 是以悲耳라하다

유표가 이상하게 여겨 그에게 이유를 물으니, 유비가 "늘 몸이 안장을 벗어나지 않아 넓적다리의 살이 모두 빠졌었습니다. 그런데 지금 다시 말을 타지 않았더니, 넓적다리 안쪽으로 살이 붙었습니다. 세월은 흐르는 물과 같아 늙음이 장차 이를 것인데, 공업은 세우지 못했습니다. 이 때문에 슬플 따름입니다."라고 하였다. 《십팔사략十八史略》 권3 〈동한東漢 효헌황제孝獻皇帝〉

성어용례

» 귀밑머리 성금에 안장에 오른 넓적다리 살도 빠지고, 잦은 여행길에 세상 사람들 시선도 차갑네. [鬢毛凋鏡髀消鞍 旅泊頻遭俗眼寒]

양경우梁慶遇, 〈차사상 재용전운次使相 再用前韻〉

» 국세는 더욱 융성해지고, 문물도 매우 빛나서, 모름지기 이웃 나라 사람들에게, 넓적다리를 치는 탄식을 갖게 하시오. [國勢益隆隆 文物極韡韡 須使隣邦人 賁歎拊其髀]

김기수金綺秀, 〈봉정창산김선생奉呈倉山金先生〉

40 螢雪之功

반딧불 형　눈 설　어조사 지　공로 공

반딧불과 눈의 공

가난으로 고생을 하면서 공부하여 얻은 보람

유 螢窓雪案　孫康映雪　車胤盛螢　車胤聚螢　車螢孫雪

康家貧無油하여 常映雪讀書라 少小清介하여 交遊不雜이러니 後至御史大夫[1]하니라

〈동진東晉의〉 손강孫康은 집이 가난하여 기름이 없어 항상 눈에 비추어서 글을 읽었다. 젊어서는 청렴하고 절개가 있어 교유하는데 난잡하지 않았다. 후에 벼슬이 어사대부御史大夫에 이르렀다. 《몽구蒙求》

晉車胤은 字武子니 南平人이라 恭勤不倦하며 博覽多通이라 家貧하여 不常得油하여 夏月則練囊盛數十螢火하여 以照書하여 以夜繼日焉이라

不常A : 항상 A한 것은 아니다(부분부정)
A以B : A해서 B하다
以AB : A로써 B하다

동진東晉의 차윤車胤은 자는 무자武子로 남평南平 사람이다. 공손하고 부지런하며 게으르지 않고 널리 책을 읽어 통달한 것이 많았다. 집이 가난하여 항상

1　御史大夫 : 감찰 기관의 으뜸 벼슬이다.

康 편안 강　映 비칠 영　介 낄 개 ; 절개　雜 섞일 잡 ; 난잡하다　御 거느릴 어　晉 진나라 진
胤 자손 윤　恭 공손할 공　倦 게으를 권　博 넓을 박　覽 볼 람　練 익힐 련 ; 누인 명주
囊 주머니 낭　螢 반딧불 형　照 비칠 조　繼 이을 계

CV13341

기름을 얻지는 못하여 여름철이면 비단 주머니에 수 십 마리의 반딧불을 담아 책을 비춰서 밤으로 낮을 이었다.

以A : A때문

桓溫[1]在荊州에 辟爲從事[2]한대 以辯識義理로 深重之라 稍遷征西長史[3]라가 遂顯於朝廷이라 時武子與吳隱之는 以寒素[4]博學으로 知名于世하고 又善於賞會[5]하여 當時每有盛坐로되 而武子不在면 皆云 無車公하여 不樂이라하다 終吏部尙書[6]라

환온桓溫이 형주荊州에 있을 때 불러서 종사관從事官으로 삼았는데, 의리를 분별하여 알았기 때문에 그를 매우 소중히 여겼다. 점점 벼슬이 올라 정서장군征西將軍의 장사長史가 되었다가 마침내 조정에 알려졌다. 당시 무자(차윤)는 오은지吳隱之와 더불어 청렴과 검소, 박학다식으로 세상에 이름이 알려졌다. 또 감상하는 모임에서도 잘하여, 당시 늘 성대한 자리가 있었는데 무자가 없으면 모두들 "차공이 없으니 즐겁지가 않다."라고 하였다. 이부상서吏部尙書로 벼슬을 마쳤다.

《몽구蒙求》

성어용례

» 다만 형설의 뜻을 아직 이루지 못해, 푸른 버들에 꾀꼬리 울어도 마음 크게 상하네. [祗爲未酬螢雪志 綠楊鶯語太傷神] 최광유崔匡裕 〈장안춘일유감長安春日有感〉

1 桓溫 : 312~373. 동진東晉사람으로, 자는 원자元子이고, 명제明帝의 사위다. 형주자사荊州刺史에 올랐으며, 몰래 황위를 찬탈하려고 하다가 뜻을 이루지 못하고 병들어 죽었다.

2 從事 : 종사관從事官으로, 한漢나라 이후 삼공三公과 주군장관州郡長官에게 소속된 관료이다.

3 征西長史 : 정서장군征西將軍의 장사長史로, 장사長史는 문서를 기록하는 관직의 장관長官이다.

4 寒素 : 청렴하고 검소함.

5 賞會 : 감상하는 모임.

6 吏部尙書 : 이부吏部의 장관長官이다.

桓 군셀 환　荊 가시나무 형　州 고을 주　辟 임금 벽 ; 부르다　辯 말 잘할 변 ; (=辨)분별하다
稍 점점 초　遷 옮길 천　征 칠 정　廷 조정 정　吳 성씨 오　隱 숨을 은　吏 벼슬아치 리

41 磨斧作針

갈마 도끼부 만들작 바늘침

도끼를 갈아서 바늘을 만들다

아무리 어려운 일이라도 참고 끊기 있게 계속하면 이룰 수 있음

㉾ 磨杵作針 鐵杵成針 磨鐵杵 山溜穿石
水積成川 十伐之木 愚公移山 積小成大
積水成淵 積塵成山 積土成山

世傳 李太白[1]讀書山中이라가 未成棄去러니 過是溪라가 逢老媼方磨鐵杵하고 問之하니 曰 欲作針이라 太白感其意하여 還卒業이라하다

欲A : A하고자 하다

세상에 전하는 말에 의하면, 이태백李太白이 산(상이산象耳山)에서 글을 읽다가 아직 다 성취하기 전에 이곳을 버리고 떠났는데, 이 계곡을 지나다가 한 노파가 한창 무쇠 절굿공이를 갈고 있는 것을 보고는 그 까닭을 묻자, 노파가 "바늘을 만들려고 한다."라고 하였다. 이태백이 그 뜻에 감동을 받아 되돌아가서 학업을 마쳤다고 한다. 《방여승람方輿勝覽》〈마침계磨針溪〉

성어용례

» 그대 같은 고학은 무쇠도 갈 만하고, 10년 간 산골에 숨어 형설지공을 쌓았구려. [苦學如君鐵可磨 十年螢雪鎖岩阿] 황현黃玹, 〈기정소취경석寄鄭小翠卿錫〉

1 李太白 : 이백李白으로, 자는 태백太白이며 시선詩仙으로 불린다. 시불詩佛 왕유王維, 시성詩聖 두보杜甫와 함께 중국 최고의 시인이다.

媼 할머니 온 方 모 방 ; 한창 杵 절굿공이 저 針 바늘 침

CV13343

42 佩鈴自戒

찰 패 방울 령 스스로 자 경계할 계

방울을 차고서 스스로를 경계하다

나쁜 습관을 고치기 위해 지속적으로 노력함

유 佩韋佩弦[1]

A輒B : A하기만 하면 B하다
未嘗A : 일찌기 A하지 않았다

李尙毅[2]는 兒時에 性甚輕率하여 坐不耐久하고 言輒妄發이라 父母憂之하여 頻有責言하니 公佩小鈴하고 以自戒하여 每聞鈴聲이면 猛加警飭하고 出入坐臥에 未嘗捨鈴이라

이상의李尙毅는 어렸을 때 성격이 매우 경솔하여 앉아서 오래 견디지 못하였으며, 입을 열면 번번이 망발을 하였다. 부모가 그것을 근심하여 자주 꾸짖었다. 그러자 이상의는 작은 방울을 차고서 스스로를 경계하여 방울소리가 들릴 때면 더욱 경계하는 마음을 더했고, 나가서나 들어와서나, 앉아서나 누워서나 한시도 방울을 놓아둔 적이 없었다.

---

1 佩韋佩弦 : 부드러운 가죽을 차는 것과 팽팽한 활시위를 차는 일로, 급한 성질을 누그러뜨리는 것과 해이한 마음을 고치는 것을 이른다. 《한비자韓非子》 〈관행觀行〉에 "서문표는 성질이 급하므로 가죽을 허리에 차서 스스로 성질을 누그러뜨렸고, 동안우는 마음이 느긋하므로 활시위를 차서 스스로 급하게 하려 했다.[西門豹之性急 故佩韋以自緩 董安于之心緩 故佩弦以自急]"라고 되어 있다.

2 李尙毅 : 1560~1624. 자는 이원而遠, 호는 소릉少陵·오호五湖·서산西山·파릉巴陵, 시호는 익헌翼獻으로, 선조宣祖와 광해군光海君 때 이조吏曹 및 형조刑曹 판서 등을 지냈으며, 당파에 구애받지 않고 인재를 등용하여 사람들이 그의 공정함을 칭찬하였다.

CV13344

毅 굳셀 의 率 거느릴 솔 ; 가볍다 耐 견딜 내 輒 문득 첩 ; 번번이 妄 망령될 망
頻 자주 빈 猛 사나울 맹 警 경계할 경 飭 삼갈 칙

今日減一分[1]하고 明日減一分하여 及至中年之後에 渾然天成이라 後人之戒輕薄子弟者는 必擧李公하여 以爲則云이라

以爲A : A로 삼다
A云 : A라 하더라

그러자 오늘 조금 방울소리가 줄어들었고 내일 조금 방울소리가 줄어들어, 중년에 이른 뒤에는 온전히 타고난 성품처럼 되었다. 후세에 경박한 자제들을 경계시키려는 사람들은 반드시 이상의를 예로 들어 모범으로 삼았다고 한다.

《공사견문록公私見聞錄》

성어용례

» 칼에는 명을 새겨 뜻을 분발하고, 방울을 차고서 마음을 일깨웠네. [銘劒奮志 佩鈴喚惺①].

정조正祖, 〈문정공조식치제문文貞公曹植致祭文〉

① 銘劒奮志 佩鈴喚惺 : 16세기를 대표한 학자 남명南冥 조식曺植(1501~1572)은 허리춤에 '성성자惺惺子'라는 방울을 달고, 방울 소리를 들으며 스스로 경계하고 반성하였다. 어느 날 조식은 제자인 김우옹金宇顒에게 성성자를 주면서 "이 방울은 맑은 소리로 사람을 깨우친다. 내가 이 귀중한 보배를 너에게 주니, 항상 허리에 차고 다니면서 조금만 울려도 스스로 경계하고 꾸짖어서 공경하고 두려워하라. 이 방울에 죄를 짓지 말라."라고 하였다고 한다.

1 一分 : 소량, 조금.

則 법칙 칙 ; 본보기로 삼다

4부

우둔愚鈍
기만欺瞞
고집固執
판단判斷
용기勇氣
염려念慮

43 百年河清

일백 백　해 년　황하(黃河) 하　맑을 청

백 년 동안 황하가 맑아지기를 기다리다

오랫동안 기다려도 바라는 것이 이루어질 수 없음, 아무리 세월이 가도 일을 해결할 희망이 없음

㊌ 不知何歲月　千年一淸　河淸難俟
黃河千年一淸　如俟河淸　俟河淸

冬에 楚子囊伐鄭은 討其侵蔡也라 子駟子國子耳欲從楚하고 子孔子蟜子展欲待晉이라

겨울에 초楚나라 자낭子囊이 정鄭나라를 친 것은 정나라가 채蔡나라를 친 것을 토벌한 것이었다. 정나라의 자사子駟·자국子國·자이子耳는 초나라를 따르고자 했고, 자공子孔·자교子蟜·자전子展은 〈구원 오는〉 진晉나라를 기다리고자 했다.

A幾何 : A는 어느 정도인가?

子駟曰 周詩有之曰 俟河之淸이면 人壽幾何오 兆云詢多면 職競作羅[1]라하니 謀之多族이면 民之多違하고 事滋無成

1 兆云詢多 職競作羅 : 《여유당전서與猶堂全書》 〈일시逸詩〉에, "조운은 점괘이다. 시를 지은 사람이 또 점괘의 글을 인용하여 시구를 지었다. -두복杜馥은 '이미 점을 치고 또 상의하는 것은 잘못된 것이다'라고 하였다.- 상의가 너무 많으면 다투어 그물을 짜더라도 공을 이룬 것은 없을 것이다.[兆云者 兆詞也 作詩之人 又引兆詞之文 以爲詩句也 -杜云 旣卜且謀非也- 詢謀太多 則爭爲羅織 無成功也]"라는 말이 있다.

CV13345

楚 초나라 초　囊 주머니 낭　鄭 나라 정　討 칠 토　侵 침노할 침　蔡 나라이름 채
駟 사마 사　蟜 독충 교　晉 진나라 진　俟 기다릴 사　兆 조(억의만배) 조 ; 점　詢 물을 순
職 벼슬 직 ; 오로지　羅 그물 라　族 겨레 족 ; 무리　違 어길 위 ; 원망하다　滋 붇을 자 ; 더욱

이라 民急矣니 姑從楚하여 以紓吾民하고 晉師至면 吾又從之라 敬共幣帛하여 以待來者가 小國之道也니 犧牲[1]玉帛[2]으로 待於二竟이라가 以待彊者하여 而庇民焉이면 寇不爲害하고 民不罷病하리니 不亦可乎아하다

不亦A乎
: 또한 A하지 않겠는가?

이에 자사가 다음과 같이 말하였다. "주周나라의 시詩에 '황하의 물이 맑아지기를 기다리려면 사람 수명이 어느 정도이어야 하는가? 점괘가 나오고 상의가 많으면 오로지 그물만 경쟁하여 만들게 되리라.'라고 하였습니다. 계획을 세우는데 무리가 많으면, 백성들 중에는 원망이 많고, 일은 더욱 이루어지지 않을 것입니다. 백성들이 위급하니 잠시 초나라를 따라서 우리 백성들을 안심시키고, 진나라 군대가 오면 우리는 또 그들을 따르면 됩니다.

폐백을 공경히 받들고 쳐들어오는 나라를 기다리는 것이 작은 나라의 도리입니다. 제물로 바칠 산 짐승과 옥과 비단을 초나라와 진나라의 국경에 갖추어 놓고 기다리다가, 강한 자를 대접하여 백성들을 보호해야 합니다. 그리하여 외적이 해가 되지 않아서 백성들이 고달프고 괴로워하지 않는다면 또한 좋지 않겠습니까?"

《춘추좌씨전春秋左氏傳》 양공襄公 8년

성어용례

» 어찌 황하가 맑아지기를 기다리랴? 7년 병환에 3년 쑥도 구하기 어렵다네.
[奈此俟河清 艾病① 易參差]
황현黃玹, 〈원식십오영園植十五咏〉

① 艾病 : 《맹자》 〈이루 상〉에 "오늘날 왕 노릇을 하고자 하는 자는 마치 7년 된 병을 고치기 위해 3년 된 약쑥을 구하는 것과 같다. 만약 미리 비축해두지 않으면 죽을 때까지 구하지 못할 것이다.[今之欲王者 猶七年之病 求三年之艾也 苟爲不畜 終身不得]"라고 하였다.

1 犧牲 : 제사에 제물로 바치는 산 짐승.

2 玉帛 : 제후들이 왕을 알현할 때, 다른 제후를 방문할 때 예물로 사용하는 옥과 비단.

姑 시어머니 고 ; 잠시 紓 느슨할 서 晉 진나라 진 師 스승 사 ; (=士)군사 幣 화폐 폐 ; 폐백
帛 비단 백 ; 폐백 犧 희생 희 牲 희생 생 竟 마침내 경 ; (=境)지경 彊 굳셀 강
庇 덮을 비 ; 보호하다 寇 도적 구 ; 외적 罷 마칠 파 ; 고달플 피

44 羊頭狗肉

양 양 머리 두 개 구 고기 육

양의 머리를 매달아놓고 개고기를 팔다

겉으로 보기에는 훌륭해 보이지만 속은 변변하지 못함, 겉과 속이 다름

(유) 口蜜腹劍 同床異夢 面從腹背 似而非
似是而非 笑裏藏刀 羊質虎皮 表裏不同
懸羊頭賣馬脯

A而B者
: A인데 B하는 것/사람
使AB : A에게 B하게 하다

靈公好婦人而丈夫飾者하니 國人盡服之어늘 公使吏禁之曰 女子而男子飾者는 裂其衣하고 斷其帶하라하니 裂衣斷帶가 相望[1]而不止라

제齊나라 영공靈公은 여자가 장부처럼 꾸미는 것을 좋아하니, 나라 사람들도 다 그렇게 옷을 입었다. 영공이 관리에게 그것을 금지시키면서 "여자가 남자처럼 꾸미고 다니는 사람은 그 옷을 찢고 그 띠를 잘라라."라고 하였다. 그랬더니 〈남장을 하여 관리가〉 옷을 찢고 띠를 자른 사람들이 끝없이 이어져 그치지 않았다.

晏子[2]見(현)한대 公問曰 寡人使吏 禁女子而男子飾者하여 裂

1 相望 : 서로 보이는 것으로, 끊임없이 이어져 많음을 말함.

2 晏子 : 안영晏嬰으로, 춘추시대 제齊나라의 대부大夫이다. 영공靈公·장공莊公·경공景公을 섬겼으며 근검절약하고 힘써 노력하여 사람들의 존경을 받았다.

CV13346

丈 어른 장 飾 꾸밀 식 裂 찢을 렬 斷 끊을 단 帶 띠 대 晏 늦을 안
寡 적을 과 ; 왕의 겸칭

斷其衣帶로되 相望而不止者는 何也오 晏子[1]對曰 君使服之于內하고 而禁之于外하니 猶懸牛首于門하고 而賣馬肉于內也[2]니이다 公何以不使內勿服고 則外莫敢爲也니잇고 公曰 善이라하고 使內勿服하니 不踰月에 而國人莫之服이라

A何也 : A는 어째서인가?
何以不A : 무엇 때문에 A하지 않는가?

안자晏子가 알현하자, 영공이 "과인이 관리를 시켜 여자가 남자처럼 꾸미고 다니는 것을 금지하여 그 옷을 찢고 그 띠를 자르라고 했는데, 끝없이 이어져 그치지 않는 것은 어째서인가?"라고 물으니, 안자가 "임금께서 궁 안에서 그것을 입게 하시고 궁 밖에서 그것을 금지하셨으니, 이는 문에 소머리를 내걸고 안에서는 말고기를 파는 것과 같습니다. 영공께서는 어찌 궁 안에서도 입지 말라고 하지 않으십니까? 그러면 밖에서도 감히 그렇게 하지 않을 것입니다."라고 대답하였다. 영공이 "좋다."라고 하고, 안에서도 입지 말게 하였다. 그랬더니 한 달도 지나지 않아 나라 사람 중에 그렇게 입는 사람이 없었다.

《안자춘추晏子春秋》〈내편內篇 잡하雜下〉

성어용례

» 소머리를 내걸고서 포를 팔아서, 약삭빠름과 거짓이 날로 불어나네. [懸牛賣脯 巧僞日滋]

조호익曺好益, 〈제윤신수문祭尹莘叟文〉

1 晏子 : 안영晏嬰으로, 춘추시대 제齊나라의 대부大夫이다. 영공靈公·장공莊公·경공景公을 섬겼으며 근검절약하고 힘써 노력하여 사람들의 존경을 받았다.

2 懸牛首于門 而賣馬肉于內也 : 《안자춘추晏子春秋》의 원문에는 소의 머리[牛首]와 말고기[馬肉]로 되어 있으나, 후대에 양의 머리[羊頭]와 개고기[狗肉]로 바뀌어 쓰였다.

懸 매달 현　踰 넘을 유

45 宋襄之仁

송나라 송 도울 양 어조사 지 어질 인

송나라 양공의 어짊

자신의 분수도 모르고 베푸는 어리석은 인정, 불필요한 인정을 베풀다가 오히려 자신을 해침

A及B : A와 B
請A : A하소서
既A而又B
: 이미 A하고 또 B하다
既A而後B
: 이미 A한 뒤에 B하다

冬十一月己巳朔에 宋公及楚人戰于泓[1]할새 宋人既成列이나 楚人未既濟라 司馬[2]曰 彼衆我寡하니 及其未既濟也하여 請擊之하소서하니 公曰 不可하다 既濟而未成列에 又以告하니 公曰 未可하다 既陳而後擊之하니 宋師敗績[3]하여 公傷股하고 門官[4]殲焉이라

겨울 11월 기사己巳일 초하루, 송宋나라의 양공襄公과 초楚나라의 군사들이 홍수泓水에서 싸웠다. 송나라 군사들은 대열을 다 이루었으나 초나라의 군사들은 홍수를 아직 건너지 못하였다. 사마司馬가 "저들은 군사가 많고 우리는 적으니, 초나라의 군대가 아직 건너지 못하였을 때 그들을 공격하십시오."라고 하니, 양공이 "그렇게 해서는 안 된다."라고 하였다. 다 건너고 아직 대열을 이루지 못했을 때, 다시 아뢰자, 양공이 "아직 안 된다."라고 하였다. 초나라의

1 泓 : 하남성河南省을 흐르는 환수渙水의 지류.
2 司馬 : 군사軍事를 담당하는 관직.
3 敗績 : 크게 패함.
4 門官 : 문을 지키는 사람인데, 출전出戰해서는 임금의 좌우에서 임금을 보호한다.

CV13347

朔 초하루 삭 楚 초나라 초 泓 물 깊을 홍 既 이미 기 濟 건널 제 司 맡을 사
績 길쌈할 적 ; 공 股 넓적다리 고 殲 모두 죽일 섬

군사들이 진을 친 뒤에 그들을 공격하자, 송나라의 군대는 대패하였고 양공은 넓적다리를 다쳤으며 문관門官들은 모두 죽었다.

國人皆咎公하니 公曰 君子는 不重傷하고 不禽二毛[1]오 古之爲軍也에 不以阻隘也[2]라 寡人雖亡國之餘나 不鼓不成列이라하다

雖A : 비록 A이나

송나라의 사람들이 모두 양공을 나무라자, 양공은 "군자는 부상을 입은 사람을 거듭하여 해치지 않고, 노인을 사로잡지 않는다. 옛날의 전쟁은 험하고 좁은 곳에서 하지 않았다. 과인이 비록 망한 나라의 자손이지만, 대열을 이루지 못한 적에게 〈공격의 시작을 알리는〉 북을 두드리지 않는다."라고 하였다.

《춘추좌씨전春秋左氏傳》 희공僖公 22년

성어용례

» 진영을 갖추고서 싸우고 남을 곤경에 빠뜨리지 않았으니, 천추에 비웃음을 당한 송 양공의 어짊일세. 한 번 싸워 대패했어도 말은 참으로 훌륭하니, 오패에 들어간 것이 어찌 까닭이 없었으랴? [不鼓於儳不困人 千秋爭笑宋襄仁 一戰雖殲言足聽 列爲五伯① 豈無因]

윤기尹愭, 〈영사詠史〉

① 五伯 : 제 환공齊桓公, 진 문공晉文公, 진 목공秦穆公, 송 양공宋襄公, 초 장왕楚莊王을 말한다.

1 二毛 : 검은 머리카락과 흰 머리카락이 섞인 반백의 머리로, 머리가 희끗희끗한 노인.

2 不以阻隘也 : '적이 험하고 좁은 곳에 있으면 공격하지 않았다'는 의미이다.

咎 허물 구 ; 나무라다　禽 날짐승 금 ; (=擒)사로잡다　軍 군사 군 ; 진치다　阻 막힐 조 ; 험하다
隘 좁을 애　鼓 북 고 ; 두드리다

46 錦衣夜行

비단금 옷의 밤야 다닐행

비단옷을 입고 밤에 가다

아무리 잘 하여도 알아주는 사람이 없음, 즉 아무런 보람이 없는 행동

유 繡衣夜行 夜行被繡 衣錦夜行 漢江投石

반 錦衣還鄕

居數日에 項羽引兵하여 西屠咸陽하여 殺秦降王子嬰[1]하고 燒秦宮室하니 火三月不滅이라 收其貨寶婦女而東이라 人或說項王曰 關中[2]阻山河四塞하고 地肥饒하니 可都以霸니이다

며칠 뒤, 항우項羽는 군대를 이끌고 서쪽으로 가서 함양咸陽을 무찌르고 진秦나라의 항복한 왕 자영子嬰을 죽이고, 진나라의 궁실을 불태웠는데, 불이 석 달 동안 꺼지지 않았다. 그곳의 돈과 보물, 여자들을 거두어 동쪽으로 갔다. 부하 중 어떤 사람이 항왕을 설득하며 "관중은 산과 강이 험하고 사방이 막혀 있으며, 땅이 비옥하고 기름지므로, 도읍하여 패권을 장악할 만합니다."라고 하였다.

項王見秦宮이 皆以燒殘破하고 又心懷思欲東歸하여 曰 富

---

1 子嬰 : 진秦나라의 3대이면서 마지막 황제이다.

2 關中 : 섬서성陝西省 중부의 위수渭水 유역에 있는 평야로, 관서關西(=관우關右)는 함곡관函谷關 서쪽을, 관동關東(=관좌關左)은 함곡관 동쪽을 말한다.

CV13348

項 항목 항　羽 깃 우　屠 죽일 도 ; 무찌르다　咸 덜 감 ; 다 함　嬰 어린아이 영
燒 불사를 소　宮 집 궁　滅 멸할/꺼질 멸　寶 보배 보　阻 험할 조　肥 살찔 비 ; 기름지다
饒 넉넉할 요 ; 땅이 기름지다　霸 으뜸/두목 패 ; 패권

貴不歸故鄕이면 如衣繡夜行이니 誰知之者리오 說者曰 人言楚人은 沐猴而冠[1]耳이라하더니 果然이로다 項王聞之하고 烹說者라

誰A : 누가 A하는가?
A耳 : A일 뿐이다

항왕이 진나라의 궁궐을 보니, 모두 불에 타서 무너지고 파괴되었으며, 또 마음속으로는 동쪽으로 돌아가고자 하는 생각을 품고 있었기 때문에 말하기를, "재산이 넉넉해지고 지위가 높아졌는데 고향으로 돌아가지 않는 것은 비단 옷을 입고 밤길을 가는 것과 같으니, 누가 그것을 알아주겠는가?"라고 하였다. 설득하던 사람이 말하기를, "사람들이 '초나라 사람은 원숭이인데 갓을 쓴 것일 뿐이다.'라고 하더니, 정말 그렇구나."라고 하자, 항왕이 그 말을 듣고, 설득하던 사람을 삶아서 죽였다. 《사기史記》〈항우본기項羽本紀〉

성어용례

» 본래는 일찍 벼슬 버리고 고향에 돌아가, 금의야행錦衣夜行 비방을 면하려 했건만, 어찌하여 아직도 사양하지 못하고, 흰머리에 분주하기만 하는가? [本懷夙退心 庶免夜行誚 胡爲未得辭 白首事紛擾] 이규보李奎報, 〈내전호종후유감內殿扈從後有感〉

1 沐猴而冠 : 목후沐猴는 초楚나라 방언으로 원숭이로, 외모는 사람 같지만 마음은 원숭이처럼 미련하다고 냉소冷笑하는 말이다.

殘 잔인할 잔 ; 무너지다 懷 품을 회 繡 수놓을 수 ; 비단 楚 초나라 초 沐 머리 감을 목 猴 원숭이 후 冠 갓 관 烹 삶을 팽

47 守株待兎

지킬 수 그루터기 주 기다릴 대 토끼 토

그루터기를 지키면서 토끼를 기다리다

실효성 없는 기대는 공연히 시간만 허비함, 우연한 행운 또는 불로소득을 기대하는 어리석음

유 刻舟求劍 膠柱鼓瑟

爲AB : A에게 B하게 되다

宋人 有耕田者라 田中有株러니 兎走觸株하여 折頸而死라 因釋其耒而守株하여 冀復得兎나 兎不可復得이오 而身爲宋國笑하니라

송宋나라 사람 중에 밭을 가는 자가 있었다. 밭 가운데 그루터기가 있었는데, 토끼가 달려가다가 그루터기에 부딪쳐 목이 부러져 죽었다. 그러자 그 쟁기를 놓아두고 그루터기를 지키며 다시 토끼를 얻기를 기대하였다. 그러나 토끼는 다시 얻을 수 없었고, 자신은 송나라의 웃음거리가 되었다.

《한비자韓非子》〈오두편五蠹篇〉

성어용례

» 공명은 수주대토守株待兎의 꼴이요, 신세는 등불 치는 나방이네. [功名守株兎 身世撲燈蛾]

이색李穡, 〈미우微雨〉

CV13349

宋 송나라 송 觸 닿을 촉 ; 부딪치다 折 꺾일 절 頸 목 경 釋 풀 석 耒 쟁기 뢰
冀 바랄 기 復 다시 부

48 矛盾
창 모 방패 순

창과 방패

말이나 행동의 앞뒤가 서로 일치하지 아니함

유 自相矛盾 自家撞着 二律背反

楚人有鬻盾與矛者라 譽之曰 吾盾之堅은 莫能陷也라하고 又譽其矛曰 吾矛之利는 於物無不陷也라 或曰 以子之矛로 陷子之盾이면 何如오하니 其人不能應也라 夫不可陷之盾與無不陷之矛는 不可同世而立이라

無不A : A하지 않음이 없다
A何如 : A는 어떠한가?

초楚나라 사람 중에 방패와 창을 파는 사람이 있었다. 방패를 자랑하면서 "내 방패는 견고하여 어떤 것도 이 방패를 뚫을 수 없습니다."라고 하고, 또 자기 창을 자랑하며 "내 창은 날카로워서 물건 중에 뚫지 못하는 것이 없습니다."라고 하였다. 어떤 사람이 "그대의 창으로 그대의 방패를 뚫으면 어떻게 되나요?"라고 하니, 그 사람은 대답할 수 없었다. 대저 뚫을 수 없는 방패와 뚫지 못하는 것이 없는 창은 동시에 존재할 수 없다.

《한비자韓非子》〈난세편難勢篇〉

성어용례

» 말과 행동이 걸핏하면 어긋나, 후회와 허물이 늘 백 가지 천 가지라네. [言行動矛盾 悔尤常百千]

황준량黃俊良, 〈견회遣懷〉

CV13351

楚 초나라 초 鬻 팔 육 譽 기릴 예 ; 자랑하다 陷 빠질 함 ; 뚫다 利 날카로울 리

49 刻舟求劍

새길 각 배 주 구할 구 칼 검

배에 새겨 칼을 찾다

판단력이 둔하여 융통성이 없고, 세상일에 어둡고 어리석음

유 守株待兎 膠柱鼓瑟

A之所B : A가 B한 곳
不亦A乎
 : 또한 A하지 않겠는가?

楚人에 有涉江者라 其劍自舟中墜於水어늘 遽契其舟曰 是吾劍之所從墜라하고 舟止하니 從其所契者하여 入水求之라 舟已行矣나 而劍不行하니 求劍若此면 不亦惑乎아

초楚나라 사람 중에 강을 건너는 사람이 있었다. 그의 칼이 배에서 물로 떨어지자, 신속하게 그 배에 새기면서 "이곳이 내 칼이 떨어진 곳이다."라고 하고는, 배가 멈추자, 그가 새긴 곳으로부터 물로 들어가 칼을 찾았다. 배는 이미 이동하였으나, 칼은 이동하지 않았으니, 칼을 찾는 것이 이와 같다면 또한 미혹된 것이 아니겠는가?

《여씨춘추呂氏春秋》〈찰금편察今篇〉

성어용례

» 그동안 벼슬살이 각주구검刻舟求劍과 흡사해서, 떠도는 내 신세 부평초 같았네. [宦迹同舟劍 羈蹤似水萍]

이식李植, 〈남계상 증어진혁진탁 겸기기형진창급최생간 윤생현익형제 김생태원 이군지병藍溪上贈於震赫震卓 兼寄其兄震昌及崔生澗 尹生鉉釴兄弟 金生兌源 李君之屛〉

CV13352

涉 건널 섭 自 스스로 자 ; ~부터 墜 떨어질 추 遽 급히 거 契 맺을 계 ; 새기다
從 좇을 종 ; ~부터 惑 미혹할 혹

50 膠柱鼓瑟

아교 교 기러기발 주 연주할 고 비파 슬

기러기발을 아교로 붙이고 비파를 연주하다

터무니 없는 방법으로 일을 처리하는 우둔함, 융통성이 없고 고지식함

㉮ 刻舟求劍 守株待兎

七年에 秦與趙兵相距長平이라 時趙奢[1]已死하고 而藺相如病篤하여 趙使廉頗將攻秦한대 秦數敗趙軍이나 趙軍固壁不戰하고 秦數挑戰이나 廉頗不肯하니 趙王信秦之間이라

不肯A : A하려 하지 않다
獨A耳 : 단지 A일 뿐이다

〈효성왕孝成王〉 7년에 진秦나라와 조趙나라 군대가 장평長平에서 서로 대치하였다. 그때 조사趙奢는 이미 죽었고, 인상여藺相如는 병이 위독하였다. 조나라는 염파廉頗를 장수로 삼아 진나라를 치게 했는데, 진나라가 자주 조나라 군대를 패배시켰으나 조나라 군대는 성벽을 견고히 하고는 싸우지 않았다. 진나라가 자주 싸움을 걸었으나, 염파廉頗는 싸우려 하지 않으니, 조나라 왕은 진나라의 이간책을 믿게 되었다.

1 奢 : 조사趙奢는 전국시대 사람으로 조괄趙括의 부친이다. 조나라 혜문왕惠文王 29년 진秦나라가 알여閼與를 공격하자, 군사軍士 허력許歷의 계책을 받아들여 병사를 보내 북산北山에 거점을 확보했다. 진나라 군대가 나중에 와서 산을 점령하려고 했지만 여의치 않았는데, 이 틈을 타 군대를 풀어 공격하여 진나라 군대를 대패시켰다. 이 공으로 마복군馬服君에 봉해졌다.

秦 나라 이름 진　趙 조나라 조　距 상거할 거 ; 겨루다　奢 사치할 사　藺 골풀 인
篤 도타울 독 ; 위독하다　廉 청렴할 렴　頗 자못 파　攻 칠 공　數 자주 삭　壁 벽 벽
挑 돋울 도　肯 즐길 긍 ; ~하려 하다

CV13353

A之所B : A가 B한 것은
以A爲B : A를 B로 삼다

秦之間言曰 秦之所惡는 獨畏馬服君趙奢之子趙括爲將耳라하니 趙王因以括爲將하여 代廉頗라 藺相如曰 王以名使括하시니 若膠柱而鼓瑟耳니이다 括徒能讀其父書傳이요 不知合變也니이다 趙王不聽하고 遂將之하다

진나라의 이간하는 말은 다음과 같았다. “진나라가 싫어하는 것은 오직 마복군馬服君 조사趙奢의 아들 조괄趙括이 장수가 되는 것뿐이다.” 조나라 왕은 그 말 때문에 조괄을 장수로 삼아 염파를 대신하게 하였다. 그러자 인상여가 “왕께서 명성을 믿고 조괄을 쓰시는 것은 기러기발을 아교로 칠하고 비파를 연주하는 것과 같습니다. 조괄은 다만 그의 아버지가 남긴 글을 읽을 수 있었을 뿐, 임기응변을 알지 못합니다.”라고 하였다. 조나라 왕은 듣지 않고, 마침내 그를 장수로 삼았다. 《사기史記》〈염파인상여열전廉頗藺相如列傳〉

성어용례

» 교주고슬膠柱鼓瑟도 미혹되었다 하겠지만, 개주장현改柱張絃① 도 깊이 생각해야 하리
[膠柱見良惑 改絃思貴深] 최립崔岦, 〈송전라심감사방숙送全羅沈監司方叔〉

① 改柱張絃 : ‘기러기발을 다시 바꾸고 거문고 줄을 새로 매단다’라는 뜻으로, 갱장更張 즉 개혁 정치를 가리킨다.

間 사이 간 ; 이간책 括 묶을 괄 瑟 큰 거문고 슬

51 杞人之憂

나라이름 기　사람 인　어조사 지　근심 우

기나라 사람의 근심

쓸데없는 걱정이나 무익한 근심

유 杞憂　杞人憂天　杯中蛇影　疑心暗鬼

杞國有人 憂天地崩墜면 身亡所寄하여 廢寢食者러니 又有憂彼之所憂者하여 因往曉之曰 天積氣耳라 亡處亡氣하여 若屈伸呼吸이오 終日在天中行止니 奈何憂崩墜乎아하니 其人曰 天果積氣면 日月星宿도 不當墜邪오하다

亡A亡B : 어떤 A라도 B하지 않음이 없다
奈何A乎 : 어찌하여 A하는가?
不當A邪 : 마땅히 A하지 않겠는가?

기杞나라의 어떤 사람이 하늘과 땅이 무너지면 몸을 의탁할 곳이 없을까 걱정해서 자고 먹는 것을 그만두었다. 또 그 사람이 걱정하는 것을 염려한 사람이 있었는데, 이 때문에 가서 그 사람을 깨우치며 "하늘은 기가 쌓인 곳이며, 어느 곳이라도 기가 없는 곳은 없습니다. 당신은 몸을 굽혔다 펴고 호흡하며 종일 하늘 아래에서 생활하고 있는데, 어찌하여 하늘이 무너질 것을 걱정합니까?"라고 하니, 그 사람이 "하늘이 과연 기가 모인 것이라면, 해와 달과 별도 떨어져야 하지 않습니까?"라고 하였다.

曉之者曰 日月星宿는 亦積氣中之有光耀者니 只使墜라도

只使A : 설령 A하더라도

崩 무너질 붕　亡 없을 무　寄 부칠 기 ; 의탁하다　廢 폐할 폐 ; 그치다　寢 잘 침
曉 새벽 효 ; 깨닫다　若 만약 약 ; 너　屈 굽힐 굴　伸 펼 신　呼 부를 호 ; 숨을 내쉬다
奈 어찌 내　宿 별 수　耀 빛날 요

CV13354

亦不能有中傷이라하니

그를 깨우치려는 사람이 "해와 달과 별은 역시 기가 모인 것 중에 빛이 있는 것입니다. 설령 떨어진다고 하더라도 다치지는 않을 것입니다."라고 하였다.

奈A何 : A를 어찌하리?
奈何A : 어찌하여 A하는가?

其人曰 奈地壞何오 曉者曰 地積塊耳라 充塞四虛[1]하여 亡處亡塊니 若躇步跐蹈하며 終日在地上行止니 奈何憂其壞오 其人舍然[2]大喜하고 曉之者亦舍然大喜라

그 사람이 "땅이 무너지면 어떻게 하나요?"라고 하니, 그를 깨우치려는 사람이 "땅은 흙덩이가 쌓인 곳이며, 사방을 채우고 있어 어느 곳이라도 흙덩이가 없는 곳이 없습니다. 당신은 땅을 밟으며 종일 땅 위에서 생활하고 있는데, 어찌하여 땅이 무너질 것을 걱정합니까?"라고 하였다. 그 사람은 의심이 풀려 크게 기뻐했고, 그를 깨우치려는 사람 역시 근심이 풀려 크게 기뻐했다.

《열자列子》〈천서편天瑞篇〉

성어용례

» 도리어 우습구나! 기나라 사람은 어리석음이 배에 가득, 저 하늘이 어찌 갑자기 무너질 수 있으리오. [却笑杞人痴滿腹 彼天安有驀然傾] 황현黃玹, 〈입경사入京師〉

1 四虛 : 사방四方.

2 舍然 : 풀리는 모양(=석연釋然).

壞 무너질 괴 塊 덩어리 괴 躇 머뭇거릴 저 ; 밟다 跐 밟을 자 蹈 밟을 도

52 楊布之狗

버드나무 양　베 포　어조사 지　개 구

양포의 개

모습이 변한 것을 보고 속까지 변한 것으로 오판함

㊧ 白往黑歸

楊朱之弟楊布[1]가 衣素衣而出이라가 天雨하여 解素衣하고 衣緇衣而反하니 其狗不知하고 而吠之어늘 楊布怒하여 將擊之하니 楊朱曰 子毋擊也하라 子亦猶是로다 曩者使女狗白而往이라가 黑而來면 子豈能毋怪哉오하다

毋A : A하지 말라
A猶B : A가 B와 같다
A者 : A 때에
豈能毋A哉 : 어찌 A하지 않을 수 있겠는가?

양주楊朱의 아우 양포楊布가 흰옷을 입고 나갔는데, 비가 와서 흰옷을 벗고 검은 옷을 입고 집으로 돌아오니, 그의 개가 알지 못하고 그를 짖어댔다. 양포가 화가 나서 장차 개를 때리려 하니, 양주가 "자네는 개를 때리지 마라. 자네도 이와 같다. 지난번에 만약 너의 개가 흰 채로 나갔다가 까맣게 해 가지고 왔다면, 자네는 어찌 이상하게 생각하지 않을 수 있었겠느냐?"라고 했다.

《한비자韓非子》〈설림편說林篇〉

1　楊布 : 전국시대 사상가로, 위아설爲我說을 주장했던 양주楊朱의 동생이다.

素 본디 소 ; 희다　緇 검을 치　吠 짖을 폐　毋 말 무　曩 접때 낭　使 하여금 사 ; 만약
女 여자 여 ; (=汝)너　怪 괴이할 괴

CV13355

53 朝三暮四

아침조 셋삼 저물모 넷사

아침에 세 개, 저녁에 네 개

당장 눈앞에 나타나는 차이만을 알고 그 결과가 같음을 모름, 간사한 꾀를 써서 남을 속임

유 朝四暮三

宋有狙公者하니 愛狙하여 養之成群이라 能解狙之意하고 狙亦得公之心이라 損其家口하여 充狙之欲이러니 俄而匱焉하여 將限其食이나 恐衆狙之不馴於己也라

A而 : A때에
俄而 : 얼마 뒤
將A : 장차 A하려 하다

송宋나라에 저공狙公이라는 사람이 있었는데, 원숭이를 사랑하여 원숭이를 길러 무리를 이루었다. 저공은 원숭이의 의사를 이해할 수 있었고, 원숭이도 저공의 마음을 알 수 있었다. 그 집안 식구의 음식까지 덜어서 원숭이가 바라는 것을 충당시켜 주었는데, 얼마 뒤에 집안 형편이 어려워져 장차 그 먹이를 줄이려 하니, 원숭이들이 자기를 따르지 않을까 염려가 되었다.

先誑之曰 與若芧호대 朝三而暮四면 足乎아하니 衆狙皆起而怒라 俄而曰 與若芧호대 朝四而暮三이면 足乎아하니 衆狙皆伏而喜라

CV13356

먼저 그들을 속여서 "너희들에게 도토리를 주는데, 아침에는 세 개, 저녁에

狙 원숭이 저　群 무리 군　俄 갑자기 아 ; 잠시　匱 다할 궤 ; 궁핍하다　馴 길들일 순 ; 따르다
誑 속일 광　若 만약 약 ; 너　芧 상수리나무 서 ; 상수리

는 네 개를 주면 풍족하겠지?"라고 하니, 여러 원숭이들이 다 일어나 화를 내었다. 얼마 있다가 "그러면 너희들에게 도토리를 주는데, 아침에는 네 개, 저녁에는 세 개면 풍족하겠지?"라고 하니, 원숭이들이 모두 엎드려 기뻐했다.

《열자列子》〈황제黃帝〉

성어용례

» 왕척직심枉尺直尋[①] 은 옳은 계책이 못 되고, 조삼모사朝三暮四는 참으로 어리석은 짓이라네. [直尋枉尺未爲得 朝四暮三眞自愚]

이행李荇, 〈증직경贈直卿〉

① 枉尺直尋 : 《맹자孟子》〈등문공 하滕文公下〉에, "한 자를 굽혀서 한 길(여덟 자)을 편다는 것은 이익으로써 말한 것이니, 만일 이익을 가지고 논한다면 한 길을 굽혀서 한 자를 펴 이익이 있을지라도 또한 하겠는가?[夫枉尺而直尋者 以利言也 如以利 則枉尋直尺而利 亦可爲與]"라고 하였다.

» 팔월이라 산성에 밤송이가 주렁주렁 열리니, 단원이 나무 타는 것이 나는 새보다 빠르네. 조삼모사를 그가 어찌 상관할 것 있으랴, 실컷 먹고 가을바람에 자유자재로 살찌면 되는 것을. [八月山城栗子纍 斷猿[②] 緣木疾於飛 朝三暮四渠何管 得食秋風自在肥]

서거정徐居正, 〈제율수비원도題栗樹飛猿圖〉

② 斷猿 : '단장원斷腸猿'과 같은 뜻으로, 옛날에 환공桓公이 촉蜀에 들어가 삼협三峽에 이르렀을 때, 한 부오部伍 사람이 원숭이의 새끼를 잡아 배에 싣자, 그 원숭이의 어미가 절벽에 올라가 그 배를 바라보고 슬피 부르짖어 울다가 마침내 그 배로 뛰어들었는데 곧 숨을 거두므로, 그 어미의 배를 갈라보니, 창자가 마디마디 모두 끊어져 있었다는 고사에서 온 말인데, 여기서는 단지 원숭이의 뜻으로 쓰인 것이다.

54 井底之蛙

우물 정 바닥 저 어조사 지 개구리 와

우물 안 개구리

소견이나 견문이 매우 좁음

㉾ 坎中之蛙 井底蛙 井中蛙 井中之蛙
井中觀天 井中視星 坐井觀天 夜郞自大

謂A曰B : A에게 B라 말하다

子[1]獨不聞夫埳井之鼃乎아 謂東海之鱉曰 吾樂與로라 吾出跳梁[2]乎井幹之上하고 入休乎缺甃之崖하며 赴水則接腋持頤하고 蹶泥則沒足滅跗라 還視虷蟹與科斗[3]하니 莫吾能若也라

그대만 홀로 저 우물 속의 개구리에 대해 들어보지 못했는가? 〈개구리가〉 동해의 자라에게 "나는 즐겁도다! 내가 우물 밖으로 나와 우물 난간 위에서 뛰어놀다가 깨진 벽돌 끝에 들어가 쉬며, 물에 다다르면 앞발을 모으고 턱을 올려놓고 〈유유히 떠 있고〉, 흙탕물을 일으키면 발은 사라지고 발등도 사라진다. 장구벌레·게·올챙이를 둘러보아도 나만한 자가 없다.

1 子 : 공손룡公孫龍으로, 이하는 장자莊子의 선배인 위모魏牟가 공손룡에게 해준 말이다.
2 跳梁 : 함부로 날뜀.
3 科斗 : 올챙이.

CV13357

埳 구덩이 감 鼃(=蛙) 개구리 와 鱉 자라 별 與 더불 여 ; (=歟)어조사 跳 뛸 도
幹 줄기 간 ; 난간 缺 이지러질 결 甃 벽돌 추 崖 언덕 애 ; 끝 赴 다다를 부
腋 겨드랑이 액 頤 턱 이 蹶 넘어질 궐 ; 차올리다 泥 진흙 니 沒 빠질 몰 跗 발등 부
虷 장구벌레 간 蟹 게 해

且夫擅一壑之水하고 而跨跱埳井之樂은 此亦至矣라 夫子奚不時來入觀乎아하니 東海之鱉이 左足未入에 而右膝已縶矣라

奚不A乎 :어찌 A 하지 않는가?

게다가 한 구덩이의 물을 멋대로 하고 우물에 걸터앉는 즐거움은 또한 최고이다. 자네는 왜 때때로 들어와 구경하지 않는가?"라고 하니, 동해의 자라가 〈들어가려다〉 왼쪽 발이 아직 들어가지도 못했는데 오른쪽 무릎이 끼어 버렸다네.

於是逡巡[1]而卻하여 告之海曰 夫千里之遠도 不足以擧其大하고 千仞之高도 不足以極其深이라 禹之時에 十年九潦로되 而水弗爲加益하고 湯之時에 八年七旱이나 而崖不爲加損이라

A不足以B : A가 B할 수 없다

이에 뒤로 물러나 개구리에게 바다에 대해 말해주기를 "천 리의 먼 것도 그 큰 것을 예로 들 수 없을 것이며, 천 인仞이나 되는 높은 것도 그 깊이를 다할 수 없을 것이다. 우禹임금 때 10년에 9번 홍수가 났는데 물은 더 불어나지 않았고, 탕湯임금 때 8년에 7번이나 가뭄이 들었지만 물가가 더 덜어지지 않았다.

夫不爲頃久推移하고 不以多少進退者는 此亦東海之大樂

1 逡巡 : 나아가지 못하고 뒤로 멈칫멈칫 물러남.

擅 멋대로할 천　壑 골 학　跨 걸터앉을 고　跱 그칠 치 ; 머무르다　膝 무릎 슬　縶 맬 칩 ; 붙들어매다
逡 뒷걸음질칠 준　卻 물리칠 각 ; 물러나다　仞 길 인 ; 8척　潦 큰비 료　弗 아닐 불　湯 탕임금 탕
旱 가물 한　崖 언덕 애 ; 물가　頃 잠깐 경

A然 : A하게

也라하다 於是埳井之鼃聞之하고 適適然[1]驚하고 規規然[2]自失也라

잠깐이건 오래이건 옮겨가지 않았고, 많건 적건 나아가고 물러나지 않은 것이 동해의 큰 즐거움이다."라고 하였네. 이에 우물의 개구리가 그것을 듣고 화들짝 놀라고 얼빠진 듯 어쩔 줄 몰라 했다네. 《장자莊子》〈추수秋水〉

성어용례

» 스스로 부끄럽네! 만년에야 비로소 도를 배워, 우물 속에서 둥근 하늘을 엿보았네. [自愧晩來方學道 井中窺破一圓天] 홍여하洪汝河, 〈유감有感〉

1 適適然 : 놀라는 모양.

2 規規然 : 얼빠진 모양.

55 畫蛇添足

그릴 화 뱀 사 더할 첨 발 족

뱀을 그리고 발을 더하다

하지 않아도 될 일을 함, 필요 이상으로 쓸데없는 일을 하여 도리어 실패함

유 蛇足 牀上安牀

楚有祠者가 賜其舍人[1]卮酒러니 舍人相謂曰 數人飮之하면 不足하고 一人飮之하면 有餘하니 請畫地爲蛇하여 先成者飮酒라하다 一人蛇先成하고 引酒且飮之라가 乃左手持卮하고 右手畫蛇曰 吾能爲之足이라하다

초楚나라에 제사를 지낸 어떤 사람이 그 하인들에게 잔 술을 내렸다. 하인들이 서로 "여러 사람이 그것을 마신다면 넉넉하지 못할 것이고, 한 사람이 그것을 마시면 남음이 있을 것이니, 땅바닥에 뱀을 그리는데 먼저 완성한 사람이 술을 마시기로 하자."라고 하였다. 한 사람이 뱀을 먼저 완성하자, 술을 끌어다 장차 그것을 마시려다가 마침내 왼손으로는 잔을 잡고 오른손으로는 뱀을 그리면서 "나는 뱀의 다리도 그릴 수 있다."라고 하였다.

未成이어늘 一人蛇成하여 奪其卮曰 蛇固無足이니 子安能爲之足고하고 遂飮其酒하여 爲蛇足者는 終亡其酒라

A安能B : A가 어떻게 B할 수 있겠는가?

CV13358

1 舍人 : 집안의 잡무를 맡은 사람.

祠 사당 사 ; 제사 지내다 賜 줄 사 卮 잔 치 奪 빼앗을 탈 安 편안할 안 ; 어찌

아직 완성하지 못했는데, 다른 사람이 뱀을 완성하여 그 잔을 빼앗으며 "뱀은 진실로 다리가 없는데, 그대는 어찌 뱀의 다리를 그릴 수 있단 말인가?"라고 하고는, 마침내 그 술을 마셔버렸다. 뱀의 다리를 그리던 사람은 끝내 그 술을 마실 수 없었다. 《전국책戰國策》〈제책齊策〉

성어용례

» 이 잡으며 국가 대계 이야기도 못하는 몸, 사족蛇足이나 그리면서 문장을 여전히 일삼으려 하네. [捫虱未容談事業① 畫蛇猶欲攻文章] 이식李植, 〈비추悲秋〉

① 捫虱未容談事業 : 작은 절개에 구애받지 않고 자신의 원대한 뜻을 담담하게 토로하며 현실에 참여하는 그런 큰 인물도 못 된다는 말이다. 진晉나라 왕맹王猛이 누더기 옷을 입고 환온桓溫 앞에 나아가 옷 속의 이를 잡으며 천하 대사를 담론했던 고사가 전한다.

» 내가 홀로 무얼 하려고 진흙탕에 처박혔나, 초췌한 십 년 세월 갈수록 처량하네. 헛된 명성 정말로 사족이요, 천리마의 발 묶이듯 장한 그 뜻 꺾였도다. [我獨何爲在滓泥 十年蕉萃轉堪悽 虛名正是添蛇足 壯志翻成縶驥蹄]

장유張維, 〈첩운疊韻 증중연군석이도위贈仲淵君奭二都尉〉

56 青出於藍

푸를 청 날 출 어조사 어 쪽풀 람

푸른색은 쪽풀에서 나온다

제자가 스승보다 뛰어남

유 出藍 出藍之譽 出藍之才 後生角高

君子曰 學不可以已니 青取之於藍이나 而青於藍하고 冰水爲之나 而寒於水라 木直中繩이라도 輮以爲輪하면 其曲中規하여 雖有槁暴이라도 不復挺者는 輮使之然也라

雖A不B : 비록 A하더라도 B하지 못하다

군자는 말한다. "학문은 그만두어서는 안 된다. 푸른색은 쪽풀에서 그것을 취하였으나 쪽풀보다 푸르고, 얼음은 물로 그것을 만들었지만 물보다 차갑다. 나무가 곧아서 먹줄에 맞는다 하더라도 굽혀서 바퀴를 만들면, 그 굽음은 동그라미와 일치하여 비록 햇볕에 말리더라도 다시 곧아지지 않는 것은 굽혀서 그것을 그렇게 하였기 때문이다.

故木受繩則直하고 金就礪則利하며 君子博學而日參省乎己[1]면 則知明而行無過矣리라 故不登高山이면 不知天之高也요 不臨深溪면 不知地之厚也요 不聞先王之遺言이면

A乎B : B를 A하다

不A不B : A하지 않으면 B하지 못한다

1 日參省乎己 : '날마다 자기를 생각하고 살피면'으로 풀이할 수도 있다.

冰 얼음 빙 繩 줄 승 ; 먹줄 輮 바퀴의 테 유 ; 휘다 輪 바퀴 륜 規 법 규 ; 동그라미
槁 마를 고 ; 건조하다 暴 사나울 폭 ; 햇볕에 쬐다 挺 빼어날 정 ; 곧다 礪 숫돌 려 參 셋 삼
臨 임할 림

CV13359

不知學問之大也라 干[1]越夷貉[2]之子가 生而同聲이나 長而異俗은 敎使之然也니라

그러므로 나무는 먹줄을 받으면 곧아지고, 쇠는 숫돌에 나아가면 날카로워지며, 군자는 널리 배우고 날마다 자기를 세 가지로 살피면, 지혜가 밝아지고 행실에 허물이 없어질 것이다. 그러므로 높은 산에 오르지 않으면 하늘의 높음을 알지 못하고, 깊은 골짜기를 내려다보지 않으면 땅의 두터움을 알지 못하고, 선왕이 남기신 말씀을 듣지 못하면 학문의 위대함을 알지 못한다. 간干·월越·이夷·맥貉의 아이들도 태어났을 때는 같은 소리를 내지만, 자라면서 풍속이 달라지는 것은 가르침이 그들을 그렇게 만들었기 때문이다."

《순자荀子》〈권학편勸學篇〉

성어용례

» 수로가 돌아가셨어도 전범典範은 남아 있나니, 뒤에 나온 경공 청출어람靑出於藍 비슷하네. [壽老雖亡尙典刑 冏公後出似藍靑]

이숭인李崇仁, 〈봉송경공지리산지행차포은운奉送冏公智異山之行次圃隱韻〉

» 부족한 내가 감히 의발 전한다 말하랴, 학생들 선생보다 나은 것이 기쁠 따름이네. [不才敢道傳衣鉢 只喜門生靑出藍]

서거정徐居正, 〈증채응교贈蔡應敎〉

1 干 : 오吳나라에게 망한 소국小國이다.

2 貉 : 북방 소수민족이다.

越 넘을 월　夷 오랑캐 이　貉 오랑캐 맥

57 緣木求魚

오를 연 나무 목 구할 구 물고기 어

나무에 올라가 물고기를 구하다

수단이 목적에 적합하지 않아 성공이 불가능함, 잘못된 방법으로 일을 도모함

유 射魚指天 上山求魚 與虎謀皮

曰 王之所大欲을 可得聞與잇가 王笑而不言하신대 曰 爲肥甘不足於口與며 輕煖不足於體與잇가 抑爲采色不足視於目與며 聲音不足聽於耳與며 便嬖不足使令於前與잇가 王之諸臣이 皆足以供之하시니 而王豈爲是哉시리잇고 曰 否라 吾不爲是也로이다

A與 抑B與 : A인가? … 아니면 B인가?

豈A哉 : 어찌 A인가?

맹자孟子가 "왕(제 선왕齊宣王)께서 크게 하고자 하시는 것을 들을 수 있겠습니까?"라고 하니, 왕이 웃으면서 말하지 않자, 맹자가 "살지고 단 음식이 입에 부족해서입니까? 가볍고 따뜻한 옷이 몸에 부족해서입니까? 아니면 채색이 눈으로 보기에 부족해서이며, 아름다운 음악이 귀로 듣기에 부족해서이며, 친숙하고 총애하는 사람들이 앞에서 부리기에 부족해서입니까? 왕의 여러 신하들이 모두 이것을 공급할 수 있을 것이니, 왕께서 어찌 이것 때문이시겠습니까?"라고 하였다. 왕은 "아닙니다. 나는 이것 때문이 아닙니다."라고 하였다.

煖 더울 난 抑 누를 억 ; 아니면 采 채색 채 便 편할 편 ; 익숙하다 嬖 총애할 폐
令 하여금 령 ; 부리다 供 이바지할 공

CV13360

曰 然則王之所大欲을 可知已니 欲辟土地하며 朝秦楚하여 莅中國而撫四夷也로소이다 以若所爲로 求若所欲이면 猶緣木而求魚也니이다

맹자가 "그렇다면 왕께서 크게 하고자 하시는 것을 알 수 있겠습니다. 토지를 개척하며, 진나라와 초나라에게 조회를 받아 중국에 임하여 사방의 오랑캐들을 어루만지고자 하시는 것입니다. 이와 같은 소행으로써 이와 같은 소원을 구하신다면 나무에 올라가서 물고기를 구하는 것과 같습니다."라고 하였다.

王曰 若是其甚與잇가 曰 殆有甚焉하니 緣木求魚는 雖不得魚라도 無後災어니와 以若所爲로 求若所欲이면 盡心力而爲之라도 後必有災하리이다

왕이 "이와 같이 정말로 심합니까?"라고 하니, 맹자가 "아마 이보다도 더 심할 것이니, 나무에 올라가 물고기를 구하는 것은 비록 물고기를 얻지 못하더라도 뒤에 재앙은 없습니다. 그런데 이와 같은 소행으로 이와 같은 소원을 구한다면 마음과 힘을 다해 구하더라도 뒤에 반드시 재앙이 있을 것입니다."라고 하였다.

뒷 이야기 왕이 "그 이유를 들을 수 있겠습니까?"라고 하자, 맹자가 "추鄒나라 사람이 초楚나라 사람과 싸운다면 왕께서는 누가 이기리라고 여기십니까?"라고 하였다. 왕이 "초나라 사람이 이길 것입니다."라고 하니, 맹자가 "그렇다면 작은 나라는 진실로 큰 나라를 대적할 수 없으며, 적은 사람은 진실로 많은 사람을 대적할 수 없으며(적은 사람으로는 많은 사람을 이기지 못한다는 의미의 중과부적衆寡不敵이

辟 임금 벽 ; 개척하다　莅 다다를 리 ; 임하다　緣 인연 연 ; 오르다　殆 아마 태
若 만약 약 ; (=如此)이와 같다

라는 성어가 여기서 유래하였다. 과부적중寡不敵衆도 같은 의미), 약한 자는 진실로 강한 자를 대적할 수 없는 것입니다. 천하의 땅이 사방 천 리 되는 것이 아홉인데, 제나라는 전체를 합치면 그 하나를 소유하였으니, 하나를 가지고 여덟을 복종시키는 것이 어찌 추나라가 초나라를 대적함과 다르겠습니까? 또한 그 근본을 돌이켜야 합니다."라고 하였다.

《맹자孟子》〈양혜왕 상梁惠王 上〉

성어용례

» 그루터기 지키며 토끼 기다림, 어찌 그리 어리석은가? 나무에 올라서 물고기 찾기, 이치로도 틀리네. [守株待兎愚何甚 緣木求魚理亦違]

이덕무李德懋, 〈차구경산수미음次丘瓊山首尾吟〉

» 맹자孟子와 주자朱子는 앞뒤로 공로가 본디 같고, 약한 추나라가 강한 초나라를 대적함을 어찌 논하랴? [孟朱自是前同後① 鄒楚何論弱敵彊②] 윤기尹愭

〈이기경 휴길투시여목여와창수운 요차이송李基慶 休吉投示與睦餘窩唱酬韻 聊次以送〉

① 孟朱自是前同後 : 유학을 보위하여 정학正學으로 세우고 이단異端을 격렬히 배척한 공로는 맹자와 주자가 같다는 뜻이다. 맹자는 전국 시대에 양주楊朱와 묵적墨翟을 배척하였으며, 주자는 송나라 때에 불교를 배척하였다.

② 鄒楚何論弱敵彊 : 추나라는 약소국이고 초나라는 강대국이므로 둘의 강약을 무조건 맞비교하기는 어렵다는 의미이다.

[그림 22] 맹자孟子

58 助長

도울 조 자랄 장

자라는 것을 돕다

일을 조급하게 처리하려다가 무리하여 오히려 실패함, 급하게 서두르다가 일을 망침

유 拔苗助長 欲速不達

宋人有閔其苗之不長而揠之者러니 芒芒然歸하여 謂其人曰 今日에 病矣와라 予助苗長矣로라하여늘 其子趨而往視之하니 苗則槁矣러라

송宋나라 사람 중에 벼싹이 자라지 못함을 안타깝게 여겨 그것을 뽑아놓은 자가 있었다. 그가 아무 것도 모르고 돌아와서 집안사람들에게 말하기를 "오늘 피곤하다. 내가 벼싹이 자라도록 도왔다."라고 하자, 그 아들이 달려가서 벼싹을 보았더니, 벼싹은 말라 있었다.

以爲A而B
: A라고 여겨서 B하다
非徒A而又B
: A 뿐 아니라, 또 B이다

天下之不助苗長者寡矣니 以爲無益而舍之者는 不耘苗者也요 助之長者는 揠苗者也니 非徒無益이라 而又害之니라

천하에 벼싹이 자라도록 돕지 않는 자가 적으니, 〈호연지기浩然之氣를〉 유익함이 없다 생각해서 버려두는 자는 벼싹을 김매지 않는 자요, 〈호연지기가〉 자라도록 억지로 돕는 자는 벼싹을 뽑아놓는 자이니, 다만 유익함이 없을 뿐

CV13363

閔 근심할 민　苗 벼싹 묘　揠 뽑을 알　芒 까끄라기 망 ; 어리석다　趨 달아날 추 ; 빨리 가다
槁 마를 고　舍 집 사 ; (=捨)버리다　耘 김맬 운　徒 무리 도 ; 다만

만 아니라, 또한 그것을 해치는 것이다. 《맹자孟子》〈공손추 상公孫丑上〉

성어용례

» 비록 그렇지만 물건은 형상이 있어 사라지나니 형상이 있는 것은 반드시 그 끝이 있으나 이치는 형상이 없으나 환하니 형상이 없는 것은 천지가 다해도 무궁히 존재하니 차라리 그 이치를 두고 기르고 반성하고 살필지언정 기미를 조장하지 마라 [雖然物有形而消隕 有形者會有其終 理無形而昭晰 無形者後天地以無窮 寧者養而省察 勿助長乎幾微]

강희맹姜希孟, 〈양초부養焦賦〉

59 螳螂拒轍[1]

사마귀 당 사마귀 랑 막을 거 바퀴자국 철

사마귀가 수레바퀴를 막다

자기의 힘은 헤아리지 않고 강자에게 함부로 덤빔

유 螳螂之斧 螳臂當車

將A : A하려 하다
何A也 : 무슨 A인가?
所謂A者 : A라고 하는 것

齊莊公出獵에 有一蟲擧足將搏其輪이어늘 問其御曰 此何蟲也오 對曰 此所謂螳螂者也니이다 其爲蟲也 知進而不知卻하고 不量力而輕敵이니이다

제齊나라 장공莊公이 사냥을 하러 나가는데, 어떤 한 마리 벌레가 발을 들고 장차 그의 수레바퀴를 치려고 하였다. 그 마부에게 "이것은 무슨 벌레인가?"라고 물으니, "이것은 이른바 사마귀입니다. 그 벌레는 나아가는 것은 알지만 물러나는 것은 알지 못하며, 자신의 힘을 헤아리지 못하여 적을 가벼이 여깁니다."라고 대답하였다.

莊公曰 此爲人이면 而必爲天下勇武矣라하고 回車而避之라 勇武聞之하고 知所盡死矣라 故田子方은 隱一老馬[2]而魏

1 《장자莊子》, 《한시외전韓詩外傳》 등에도 나오는 고사이다. 내용에는 약간의 차이가 있다.

2 田子方隱一老馬 : 전자방은 전국시대 때 위魏나라 문후文侯의 스승이었다. 일찍이 들판에 버려지려는 늙은 말을 보고는 말하기를 "힘 있을 때 마구 부려먹고는 늙고 병들자 내팽개치는 것은 인자仁者가 차마 할 수 없는 일이다."라고 하고, 속백束帛을 주고 데려왔는데, 이에 궁사窮士들이 심복하며 귀의하였다고 한다.

CV13364

莊 씩씩할 장 獵 사냥 렵 搏 두드릴 박 ; 치다 隱 숨을 은 ; 가엾게 여기다 魏 나라 이름 위

國載之하고 齊莊公은 避一螳螂而勇武歸之라

장공이 "이것이 사람이 되었다면 반드시 천하에서 가장 용감한 무사가 되었을 것이다."라 하고, 수레를 돌려서 그 벌레를 피해갔다. 용감한 무사들이 그것을 듣고 목숨을 바쳐 죽을 곳이 어디인 줄을 알았다. 그러므로 전자방田子方은 한 마리의 늙은 말을 가엾게 여겨서 위魏나라 사람들이 그를 떠받들었고, 제나라의 장공은 한 마리의 사마귀를 피하여 용감한 무사들이 그에게 귀의했다.

《회남자淮南子》〈인간훈人間訓〉

성어용례

» 당랑거철螳蜋拒轍 스스로 헤아리지 못한 것, 대나무 가지는 본래부터 바뀜 없다네. [螳轍自不量 竹柯本無易[①]]

김정희金正喜, 〈중추야희념中秋夜戲拈〉

① 竹柯本無易 : 《예기禮記》〈예기禮器〉에 "사계절 내내 가지를 바꾸지 않고 잎을 바꾸지 않는다.[貫四時而不改柯易葉]"라고 하였다.

載 일 대 ; (=戴)떠받들다

60 五里霧中

다섯 오 리(거리 단위) 리 안개 무 속 중

5리가 안갯속이다

어떤 일의 갈피를 잡지 못하고 상황을 알 길이 없음, 마음이 혼란하여 어쩔 줄을 모름

유 暗中摸索

不如A : A만 못하다
A以B : A를 B라고 여기다

性好道術하여 能作五里霧러니 時關西人裴優도 亦能爲三里霧로되 自以不如楷하여 從學之하나 楷避不肯見이라 桓帝[1]卽位할새 優遂行霧作賊한대 事覺被考하니 引楷言從學術이라하니라

〈장해張楷는〉 본성이 도술을 좋아하였으며, 5리에 안개를 만들 수 있었다. 당시 관서關西 사람인 배우裴優도 3리에 안개를 만들 수 있었는데, 스스로 장해보다 못하다고 여겨서 장해를 좇아 배우려 하였으나, 장해는 피하며 만나려 하지 않았다. 환제桓帝가 제위에 오르니, 배우는 마침내 안개를 만들어 도둑질을 하였는데, 도둑질을 한 일이 발각되어 조사를 받게 되자 장해를 끌어들여서 장해를 따라 도술을 배웠다고 말을 하였다.

1 桓帝 : 후한後漢 제11대 황제(146~167 재위)로, 제10대 질제質帝를 독살한 대장군 양기梁冀·양태후梁太后 남매에 의해 옹립되어 황제에 올랐다. 환관인 단초單超 등과 모의하여 외척으로 횡포를 부리던 양씨가를 멸문시켰으나, 이로써 환관의 횡포를 허용하는 결과가 되어 당고黨錮의 금禁이 발생하였다.

CV13365

肯 즐길 긍 ; ~하려 하다 卽 곧 즉 ; 나아가다 考 상고할 고 ; 조사하다

楷坐繫[1]廷尉[2]詔獄[3]하여 積二年에 恒諷誦經籍[4]하며 作尚書注하고 後以事無驗하여 見原還家라 建和三年에 下詔하여 安車[5]備禮聘之나 辭以篤疾하고 不行이라 年七十에 終於家라

見A : A 되다
A以B : B로써 A하다

장해는 죄에 연루되어 정위廷尉가 감옥에 가두어서 2년을 머물렀는데, 항상 경서를 읽으며, 《상서尙書》에 주석注釋을 달았다. 뒤에 사건에 증거가 없었기 때문에, 풀려나 집으로 돌아갔다. 건화建和 3년, 조서를 내려 편안한 수레에다 예를 갖추고 장해를 불렀으나, 병이 위중하다고 사양을 하고 가지 않았다. 나이 70세에 집에서 죽었다. 《후한서後漢書》〈장해열전張楷列傳〉

성어용례

» 바라는 것은 팔공산 위에 두루 뛰어난 군사를 베풀고, 5리 안개 속에 기이한 술수를 부리는 것입니다. [所冀八公山上 遍設雄師 五里霧中 能呈異術]

최치원崔致遠, 〈이절서진사도묘서移浙西陳司徒廟書〉

1 坐繫 : 연좌되어 감옥에 갇히다.
2 廷尉 : 진秦나라 때부터 형벌을 담당하던 관리.
3 詔獄 : 왕의 명령을 받들어 죄인을 가두던 감옥.
4 經籍 : 경서經書.
5 安車 : 노약자가 앉아서 타고 갈 수 있도록 만든 수레.

諷 욀 풍　誦 욀 송 ; 읊다　原 언덕 원 ; 죄를 용서하다　詔 조서 조　聘 예를 갖추어 부를 빙
辭 말씀 사 ; 사양하다　篤 도타울 독 ; 병이 위중하다

61 杯中蛇影

잔배 속중 뱀사 그림자영

술잔 속의 뱀 그림자

아무것도 아닌 일에 지나치게 의심을 하고 걱정함

(유) 杞憂 杞人憂天 疑心暗鬼 吳牛喘月 風聲鶴唳 草木皆兵

予之祖父郴爲汲令하여 以夏至日에 詣見主簿杜宣하니 賜酒라 時北壁上에 有懸赤弩照於柸하여 形如虵라 宣畏惡之나 然不敢不飮이라 其日에 便得胸腹痛切하여 妨損飮食이라 大用羸露하고 攻治萬端이나 不爲愈라

不敢不A
: 감히 A하지 않을 수 없다

나(응소應劭)의 할아버지 응침應郴께서 급현汲縣의 현령으로 계실 때, 하지夏至에 주부主簿인 두선杜宣이 뵈러 찾아오니, 술을 하사하셨다. 당시에 북쪽 벽 위에 붉은 쇠뇌가 매달려 있었는데, 술잔에 비쳐 모양이 뱀과 같았다. 두선은 그것이 두렵고 싫었으나, 감히 마시지 않을 수 없었다. 그날 곧 가슴과 배가 끊어지듯이 아픈 탓에, 마시고 먹는 것이 거리껴져 먹는 것이 줄어들었다. 많은 방법을 써도 쇠약해졌으며, 여러 가지 방법으로 병을 고치려고 했으나 병이 낫지 않았다.

後郴因事過至宣家하여 闚視問其變故하니 云 畏此蛇虵

CV13366

詣 이를 예　弩 쇠뇌 노　柸(=杯) 잔 배　虵(=蛇) 뱀 사　妨 방해할 방 ; 거리끼다
羸 파리할 리 ; 쇠약하다　露 이슬 로 ; 허약하다　愈 나을 유 ; 낫다　闚 엿볼 규 ; 잠깐 보다

入腹中이라 郴還聽事하여 思惟良久[1]라가 顧見懸弩하고 必是也라하고 則使門下史로 將鈴下[2]하여 侍徐扶輦載宣하여 於故處設酒하니 盃中故復有蚍라 因謂宣此壁上弩影耳요 非有他怪라하니 宣遂解하여 甚夷懌하고 由是瘳平이라

由AB : A로 말미암아 B하다

뒤에 응침께서 어떤 일로 말미암아 지나다가 두선의 집에 이르러 〈아픈 두선을〉 보고 그 변고에 대해 묻자, "뱀을 두려워합니다. 그런데 뱀이 배 속에 들어갔습니다."라고 하였다. 응침께서 청사廳事로 돌아와서 한참을 생각하시다가 매달려 있는 쇠뇌를 돌아보시더니, "분명 이것일 것이다."라고 하셨다. 곧 문하사門下史로 하여금 시종군사를 거느리고 두선을 모시고 천천히 부축하여 가마에 싣고 오라고 하였다. 이전의 술을 마셨던 장소에 술자리를 마련해 두고 잔속에 이전처럼 다시 뱀이 있게 하고서, 두선에게 "이것은 벽 위 쇠뇌의 그림자일 뿐이지, 다른 괴상한 것이 있는 것이 아니다."라고 하니, 두선은 드디어 오해를 풀고 몹시 안심하며 기뻐하였고, 이로 인하여 병이 낫고 편안해졌다.

《풍속통의風俗通義》〈괴신편怪神篇〉

성어용례

» 개 인연은 워낙 망령이거니, 뱀 그림자 부디 의심치 말게나. [狗緣①元是妄 蛇影莫生嗔]

석천인釋天因, 〈차운운상인병중작次韻雲上人病中作〉

① 狗緣 : 진晉나라 주건평朱建平이 상술相術에 능통한데 응거應璩를 보고, "자네가 63세에 액운厄運이 있을 터인데, 그보다 일 년 전에 자네 눈에 흰 개(白狗) 한 마리가 보이고 다른 사람은 보지 못하리라."라고 하였다. 응거가 62세에 과연 문득 흰 개가 보이는데, 옆의 사람은 보지 못하였다. 응거는 놀고 즐기다가 일 년 뒤에 죽었다.

1 良久 : 한참 지남.

2 鈴下 : 문졸門卒로, 방울이 달린 협문의 아래에 있으면서 비상시나 교대할 때 방울을 울려 전한 데에서 명명하게 되었다.

扶 도울 부 ; 떠받치다　輦 가마 련

62 竹馬故友

대나무 죽 말 마 옛날 고 벗 우

대나무 말을 타던 옛날 친구

어린 시절부터 같이 자라며 친한 친구

유 騎竹之交 竹馬交友 竹馬舊友 竹馬之友 竹馬之好 蔥竹之交

請A : A하기를 청하다

諸葛靚後入晉하여 除大司馬나 召不起라 以與晉室有讐로 常背洛水而坐라 與武帝[1]有舊하여 帝欲見之나 而無由라 乃請諸葛妃[2]呼靚이라

제갈정諸葛靚이 뒤에 진晉나라로 들어왔다. 〈진나라 무제武帝가〉 대사마大司馬에 임명하였으나, 부름에 응하지 아니하였다. 진나라 왕실에 원한이 있었기 때문에, 항상 〈진나라의 도읍이 있는 방향인〉 낙수를 등지고 앉았다. 진나라 무제와는 오랜 교분이 있어서 무제가 그를 보고 싶어 했으나, 방법이 없었다. 이에 제갈비諸葛妃에게 제갈정을 불러달라고 부탁하였다.

旣來에 帝就太妃間하여 相見禮畢하고 酒酣에 帝曰 卿故復

1 武帝 : 중국 진晉나라 무제武帝의 본명은 사마염司馬炎으로, 무장武將이었던 제갈정諸葛靚과는 어릴 때부터 친하게 지내던 사이였다. 그러나 제갈정의 아버지인 제갈탄諸葛誕이 무제의 아버지인 사마소司馬昭에게 반기를 들었다가 죽임을 당하였고, 오吳나라의 도움을 청하기 위하여 아버지에 의해 인질로 보내졌던 제갈정은 오나라에 머무르게 되었다. 제갈정은 뛰어난 능력으로 인하여 오나라에서 대사마大司馬의 직위에 오르게 되었으나, 오나라가 망하여 다시 진나라로 돌아오게 되었다.

2 諸葛妃 : 낭야왕琅邪王 사마주司馬伷의 부인으로, 제갈정의 누나이자 무제의 숙모이다.

CV13368

除 덜 제 ; 벼슬을 주다, 제수하다　舊 오랠 구 ; 오랜 교분　酣 흥겨울 감 ; 술자리가 무르익다

憶竹馬之好不아 靚曰 臣不能呑炭漆身[1]하여 今日復睹聖顔이라하고 因涕泗百行이라 帝於是慚悔而出이라

A不: A하지 아니한가?

이윽고 제갈정이 오자, 무제는 곧 태비太妃를 사이에 두고 서로 만나보게 되었다. 예를 마치고 술자리가 무르익자, 무제가 "그대는 옛날 대나무 말을 타던 좋은 시절이 다시 생각나지 않는가?"라고 하니, 제갈정이 "제가 숯을 삼키고 몸에 옻칠을 할 수 없어서, 오늘 다시 왕의 얼굴을 뵙게 되었습니다."라고 하고, 눈물과 콧물을 줄줄 흘렸다. 무제는 이에 부끄러워하고 후회하며 나갔다.

《세설신어世說新語》〈방정편方正篇〉

성어용례

» 죽마고우가 관찰사로 와서, 도랑에 버려진 사람 돕는 데 더욱 마음 쓰네. [竹馬故人來按道 意氣偏恤溝中捐] 이민구李敏求, 〈심관찰혜미沈觀察惠米〉

» 작은 고을 누워 다스린다고 그대 경홀히 마소, 죽마고우 와서 맞으니 자랑할 만하오. [臥治小郡①君休薄 竹馬來迎亦可誇]

이첨李詹, 〈봉송동년곽정랑부영월임奉送同年郭正郎赴寧越任〉

» ① 臥治小郡 : 한漢나라 급암汲黯이 동해태수東海太守가 되었을 때, 문밖에 나가지 않고 누워 다스렸는데도 잘 다스려졌다고 한다.

1 呑炭漆身 : 원한을 갚는다는 의미이다. 예양보주豫讓報主 참조.

不(=否) 아닌가 부　睹(=覩) 볼 도　涕 눈물 체　泗 콧물 사　慚(=慙) 부끄러울 참

63 癡人說夢

어리석을 치 사람 인 이야기할 설 꿈 몽

어리석은 사람에게 꿈을 이야기하다

매우 어리석음, 이야기가 상대방에게 이해되지 않음

(유) 癡人前說夢

A何 : A는 무엇인가?

僧伽[1]龍朔[2]中에 游江淮[3]間호대 其跡甚異어늘 有問之曰 汝何姓고 答曰 姓何라하다

스님이 용삭龍朔 연간에 양자강揚子江과 회하淮河의 사이를 여행하였는데, 그의 행적이 몹시 기이하였다. 어떤 사람이 그에게 "당신 성은 무엇입니까?"라고 물으니, "성이 무엇입니다."라고 대답하였다.

何A : 어느 A인가?
所謂A : A라고 하는 것은

又問 何國人고 答曰 何國人이라하다 唐李邕[4]作碑호대 不曉其言하고 乃書傳曰 大師姓何요 何國人이라하니 此正所謂對

---

1 僧伽 : 승려.

2 龍朔 : 당唐나라 고종高宗이 661년부터 663년까지 3년간 사용했던 연호이다.

3 淮 : 회수淮水로, 회하淮河의 다른 이름이다. 하남성河南省 동백산桐柏山에서 발원하여 동쪽으로 흘러 하남성河南省, 안휘성安徽省, 강소성江蘇省 등 4개의 성을 지나 삼강영三江營에서 장강長江으로 흘러든다.

4 李邕 : 678~747. 해서楷書와 행서行書로 비석 글씨를 쓰는 데 뛰어났고, 왕희지王羲之와 왕헌지王獻之 부자父子의 필법을 본받아 개성 있는 글씨를 썼다. 천보天寶 초에 북해태수北海太守를 지내 세칭 '이북해李北海'로 불린다. 사람됨이 정직해 재상 이임보李任甫가 평소 그를 꺼려해, 모해謀害하여 북해군에서 장살杖殺당했다.

CV13369

伽 절 가　游 헤엄칠 유 ; 여행하다　淮 물 이름 회　跡 자취 적　唐 당나라 당　邕 막힐 옹
曉 새벽 효 ; 깨닫다

癡人說夢耳라 李邕遂以夢爲眞하니 眞癡絶也라

以A爲B : A를 B로 여기다

또 "어느 나라 사람입니까?"라고 물으니, "어느 나라 사람입니다."라고 대답하였다. 당唐나라의 이옹李邕이 비문碑文을 짓는데, 그 스님의 말을 이해하지 못하고 마침내 써서 전하기를, "대사의 성은 '하何'씨이며, '하何'나라 사람이다."라고 하였다. 이것이 바로 이른바 '어리석은 사람을 마주하고 꿈을 이야기하는 것'이다. 이옹은 마침내 꿈을 진실로 여긴 것이니, 참으로 어리석음이 심하다.

《냉재야화冷齋夜話》

성어용례

» 함께 목욕하면서 발가벗었다 욕을 하고, 바보에게 꿈 이야기해준 것도 믿는 세상이네. [間有浴譏裎① 復從痴說夢]

최립崔岦, 〈회김수재화장回金秀才和章〉

① 間有浴譏裎 : 한유韓愈의 〈답장적서答張籍書〉에 "그대가 나를 비난하는 것은, 마치 함께 목욕하면서 발가벗었다고 욕을 하는 것과 같다.[吾子譏之 似同浴而譏裸裎也]"라고 하였다.

» 금단金丹으로 환골탈태換骨奪胎하는 때 되면, 어리석은 사람에게 애써 꿈 이야기하지 마소. [待到金丹換骨時 莫向癡人勞說夢]

황현黃玹, 〈석정견과폐거증고시차기운잉유창수石亭見過弊居贈古詩次其韻仍有唱酬〉

絶 끊을 절 ; 심하다

64 猫項懸鈴

고양이 묘 목 항 매달 현 방울 령

고양이 목에 방울을 달다

실행하지 못할 일을 공연히 의논만 함, 실행할 수 없는 공론空論

유 猫頭懸鈴 卓上空論

獨A而已 : 단지 A일 뿐이다

群鼠會話曰 穿庾捿廩하면 生活可潤이로되 但所怕는 獨猫而已라하니 有一鼠言曰 猫項에 若懸鈴子하면 庶得聞聲而遁死矣리라

여러 쥐들이 모여서 이야기하기를, "곡식창고를 뚫고 곡식창고에 살면 생활이 윤택해질 수 있을 텐데. 그런데 다만 두려운 것은 오직 고양이 뿐이다."라고 하니, 어떤 한 마리 쥐가 "고양이 목이 만약 방울을 매단다면 방울소리를 듣고서 죽음을 피할 수 있을 것이다."라고 하였다.

何所A耶 : 어떤 것이 A한가?
誰能A耶 : 누가 A할 수 있는가?

群鼠喜躍曰 子言是矣라 吾何所怕耶아하니 有大鼠徐言曰 是則是矣나 然猫項에 誰能爲我懸鈴耶아하니 群鼠愕然이라

여러 쥐들이 기뻐 날뛰면서 "그대의 말이 옳다. 그러면 우리가 두려워할 것이 무엇이겠는가?"라고 하니 어떤 큰 쥐가 천천히 말하기를, "옳기는 옳다. 그런데 고양이 목에 누가 우리를 위해서 방울을 달 수 있겠는가?"라고 하니, 여러 쥐들이 놀랬다.

《순오지旬五志》

CV13370

鼠 쥐 서　穿 뚫을 천　庾 곳집 유　捿 깃들일 서 ; 살다　廩 곳집 름　怕 두려워할 파
庶 거의 서　遁 달아날 둔 ; 피하다　躍 뛸 약　愕 놀랄 악

V. 재치

재치才致
총명聰明
환경環境
언변言辯
지혜智慧
도량度量

65 聞一知十

들을문 하나일 알지 열십

한 가지만 듣고서 열 가지를 안다

총명함을 이르는 말

유 擧一反三

반 牛耳讀經 得一忘十

A也B : A가 B하다
孰A : 누가 A 하는가?
A以B : A해서 B하다
A弗如B : A는 B만 못하다

子謂子貢[1]曰 女與回[2]也로 孰愈오 對曰 賜也何敢望回리잇고 回也는 聞一以知十하고 賜也는 聞一以知二하노이다 子曰 弗如也니라 吾與女의 弗如也하노라

공자孔子가 자공子貢에게 "너와 안회顔回 중에 누가 나으냐?"라고 하시니, "제가 어떻게 감히 안회를 바라보겠습니까? 안회는 하나를 듣고서 열을 알고, 저는 하나를 듣고서 둘을 압니다."라고 대답하였다. 공자가 "네가 안회만 못하다. 나도 네가 그만 못함을 인정한다."라고 하였다. 《논어論語》〈공야장公冶長〉

1 子貢 : B.C.520?~B.C.456? 춘추시대 위衛나라 사람으로, 성은 단목端木, 이름은 사賜, 자는 자공子貢이다. 수천 금金의 재산을 모았고, 공자에게 경제적 원조를 하였다고 한다.

2 回 : 안회顔回(B.C.521~B.C.490)로, 춘추시대 말기 노나라 사람이며, 자가 자연子淵이기 때문에 안연顔淵으로도 불린다. 뒤에 '복성안자復聖顔子'라 일컬어졌다. 공자가 가장 신임했던 제자로, 공자보다 30살 어렸지만 공자보다 먼저 죽었다.

CV13419

孰 누구 숙　愈 나을 유　與 더불 여 ; 인정하다　弗 아닐 불

66 南橘北枳

남녘 남 귤 귤 북녘 북 탱자 지

남쪽의 귤과 북쪽의 탱자

남쪽에 심으면 귤이 되지만 북쪽에 심으면 탱자가 된다는 뜻으로, 사람은 환경에 따라 바뀜

㊒ 橘化爲枳 麻中之蓬

晏子[1]將使楚한대 楚王聞之하고 謂左右曰 晏嬰은 齊之習辭[2]者也니 今方來에 吾欲辱之인댄 何以也오 左右對曰 爲其來也에 臣請縛一人하여 過王而行하리이다 王曰何爲者也오하시면 對曰齊人也니이다 王曰何坐오하시면 曰坐盜라하리이다

請A : A해보다

안자晏子가 장차 초楚나라로 사신을 가게 되었는데, 초나라 왕이 그 소식을 듣고 좌우 신하들에게 "안영晏嬰은 제齊나라의 말을 잘하는 사람이다. 지금 막 오는 중인데, 내가 그를 욕보이고 싶은데, 어떻게 하면 좋을까?"라고 하니, 좌우 신하들이 "그가 올 때, 저희들이 한 사람을 묶어서 왕을 지나쳐 가겠습니다. 그러면 왕께서 '무엇 하는 자인가?'라고 하시면 '제나라 사람입니다.'라고 대답할 것입니다. 왕께서 '무슨 죄를 지었느냐?'라고 하시면 '도둑질을 하였습니다.'라고 할 것입니다."라고 대답하였다.

晏子至어늘 楚王賜晏子酒하고 酒酣에 吏二縛一人詣王하니

1 晏子 : 안영晏嬰으로, 춘추시대 제齊나라의 대부大夫이며, 영공靈公·장공莊公·경공景公을 섬겼으며, 근검절약하고 힘써 노력하여 사람들의 존경을 받았다.

2 習辭 : 말에 능함.

晏 늦을 안 嬰 어린아이 영 辱 욕될 욕 縛 묶을 박 坐 앉을 좌 ; 죄를 짓다

CV13371

曷A也 : 어찌 A한가?

王曰 縛者曷爲者也오 對曰 齊人也며 坐盜니이다 王視晏子曰 齊人固善盜乎아하니 晏子避席對曰 聞之컨대 橘生淮南則爲橘이요 生于淮北則爲枳라하니 葉徒相似나 其實味不同이니이다 所以然者는 何오 水土異也니이다

所以A者 何
: A한 까닭은 어째서인가?

안자가 이르자, 초나라 왕은 안자에게 술을 하사하였다. 술자리가 무르익었을 때, 관리 두 사람이 한 사람을 묶어서 왕에게 이르렀다. 왕이 "묶인 자는 무엇 하는 자인가?"라고 하니, "제나라 사람으로, 도둑질을 하였습니다."라고 대답했다. 왕이 안자를 보며 "제나라 사람은 정말로 도둑질을 잘합니까?"라고 하자, 안자는 자리에서 일어나 "듣기로 귤이 회수淮水 남쪽에서 자라면 귤이 되고, 회수 북쪽에서 자라면 탱자가 된다고 합니다. 잎은 다만 서로 비슷한데 그 열매의 맛이 같지 않습니다. 그렇게 된 까닭은 무엇 때문일까요? 물과 땅이 다르기 때문입니다.

得無A耶
: A하지 않을 수 있는가?

今民生長于齊에 不盜라가 入楚則盜하니 得無楚之水土 使民善盜耶잇가 王笑曰 聖人非所與熙也니 寡人反取病焉이라하다

지금 이 백성이 제나라에서 나고 자랄 때는 도둑질을 하지 않았는데, 초나라에 들어와서는 도둑질을 하니, 초나라의 물과 땅이 백성으로 하여금 도둑질을 잘하게 한 것이 아니라고 할 수 있겠습니까?"라고 대답하였다. 왕이 웃으면서 "성인聖人은 함께 희롱할 수 있는 사람이 아닌데, 과인寡人이 도리어 흠을 얻었습니다."라고 하였다. 《안자춘추晏子春秋》〈내편 잡하內篇 雜下〉

성어용례

» 귤은 회수를 건너면 탱자가 되고, 버들개지는 물에 들어가면 부평초가 된다네. [橘子渡淮翻作枳 楊花入水化爲萍] 서거정徐居正, 〈술회述懷〉

酣 흥겨울 감　詣 이를 예　曷 어찌 갈 ; 무슨　避 피할 피　淮 물 이름 회　似 같을 사 ; 비슷하다
熙 빛날 희 ; (=戲)희롱하다

67 先從隗始

먼저 선 부터 종 높을 외 시작할 시

먼저 곽외로부터 시작하다

일을 시작하려면 가까운 곳에서부터 착수해야 함, 큰일을 이루려면 먼저 작은 일부터 시작하여야 함

(유) 先從自始 買死馬骨 登高自卑
千里之行始於足下

燕子之爲王三年에 國內大亂이어늘 齊王伐燕取子之하여 醢之하고 遂殺燕王噲한대 燕人共立太子平하니 是爲昭王이라

A爲B : A는 B이다

연燕나라 자지子之가 왕이 된 지 3년 만에, 나라 안이 크게 혼란하자, 제齊나라 왕이 연나라를 쳐서 자지를 잡아 그를 젓을 담그고 마침내 연나라 왕인 쾌噲를 죽였다. 연나라 사람들이 함께 태자太子 평平을 세우니, 이 사람이 소왕昭王이다.

昭王於破燕之後에 卽位하여 弔死問孤하고 與百姓同甘苦하고 卑身厚幣하여 以招賢者할새 謂郭隗曰 齊因孤[1]之國亂하여 而襲破燕하니 孤極知燕小力少하여 不足以報나 然誠得賢士하여 與共國하여 以雪先王之恥가 孤之願也니 先生視

1 孤 : 제후는 자신을 '과인寡人'이라 하였는데, 흉사凶事가 있으면 '고孤'라 칭하였다.

亂 어지러울 란　醢 육장 해 ; 사람을 죽여 소금에 절이는 형벌　噲 목구멍 쾌　昭 밝을 소
弔 위로할 조　問 물을 문 ; 위문하다　孤 외로울 고　幣 화폐 폐 ; 예물　郭 둘레 곽
襲 엄습할 습　雪 눈 설 ; 설욕하다　恥 부끄러울 치

CV13373

可者하라 得身事之하리라

소왕은 연나라가 격파된 뒤에 즉위하여 죽은 자를 조문하고 고아를 위문하며 백성들과 즐거움과 괴로움을 함께하고, 몸을 낮추고 폐백을 두터이 하여 어진 사람을 초빙하려고 하였다. 그때 곽외郭隗에게 "제나라는 과인의 나라가 혼란한 것을 이용하여 연나라를 습격하여 부수었다. 과인은 연나라는 작고 힘이 부족하여 보복할 수 없다는 것을 잘 알고 있으나, 진실로 어진 선비를 얻어 나라를 함께 다스려서 선왕先王의 치욕을 씻고 싶은 것이 과인의 소원이니, 선생은 가능한 사람을 살펴보라. 몸소 그를 섬길 것이다."라고 하였다.

以AB : A로써 B하다
況A乎 : 하물며 A함에서야?

郭隗曰 古之人君이 有以千金使涓人[1]하여 求千里馬者러니 馬已死라 買其骨五百金而返이어늘 君大怒한대 涓人曰 死馬도 且買之니 況生者乎잇가 馬今至矣리이다 不期年에 千里之馬至者三이라

그러자 곽외가 "옛날 임금 중에 천금을 가지고 연인涓人을 시켜 천리마를 구하게 한 자가 있었습니다. 그런데 천리마가 이미 죽어서 그 뼈를 5백금에 사서 돌아오니, 임금이 크게 성을 내었습니다. 연인이 '죽은 말도 샀으니, 하물며 산 말이겠습니까? 천리마가 이제 이를 것입니다.'라고 하였는데, 1년이 되지 않아 천리마가 이른 것이 3필이나 되었습니다.

況A豈B哉 : 하물며 A가 어찌 B하겠는가?

今王必欲致士인대 先從隗始하시면 況賢於隗者가 豈遠千里哉리잇고 於是昭王爲隗하여 改築宮而師事之하니 於是士

1 涓人 : 임금 곁에서 청소하는 사람.

涓 시내 연 ; 깨끗하다　返 돌이킬 반 ; 돌아오다　況 하물며 황　致 이를 치 ; 부르다　築 쌓을 축
宮 집 궁 ; 궁궐

爭趣燕하여 樂毅[1]自魏往하고 劇辛[2]自趙往하니 昭王以樂毅爲亞卿하여 任以國政하다

以A爲B : A를 B로 삼다
A以B : B를 A하다

지금 왕께서 반드시 선비를 부르려고 하신다면 먼저 저로부터 시작하십시오. 그러면 저보다 어진 자가 어찌 천 리를 멀다고 여기겠습니까?"라고 하니, 이에 소왕이 곽외를 위하여 궁궐을 개축하고 그를 스승으로 섬겼다. 이에 선비들이 다투어 연나라로 향하여 악의樂毅는 위魏나라에서 가고, 극신劇辛은 조趙나라에서 가니, 소왕은 악의를 아경亞卿으로 삼아 국정을 맡겼다.

《통감절요通鑑節要》〈주기周紀〉 난왕赧王 3년

1 樂毅 : 전국시대인 기원전 3세기 전반에 활약한 연燕나라의 장군이다.

2 劇辛 : ?~B.C.242. 전국시대 조趙나라 사람으로, 연왕燕王 13년에 연나라의 장수가 되어 조나라를 공격하다가, 조나라 장수 방난龐煖에게 살해당했다.

趣 뜻 취 ; 향하다　毅 굳셀 의　劇 심할 극　自 스스로 자 ; ~부터　以 써 이 ; 을/를　亞 버금 아
卿 벼슬 경　任 맡길 임

68 完璧

완전할 완 구슬 벽

옥을 온전히 함

흠이나 결점이 없음

㊌ 完璧歸趙 和氏之璧 連城之璧

請A : A하기를 청하다

願A : A해보려 한다
請A : A하겠다

趙王이 得楚和氏璧[1]이러니 秦昭王欲之하여 請易以十五城이어늘 趙王以問藺相如한대 對曰 秦以城求璧이로되 而王不許면 曲在我矣요 我與之璧이나 而秦不與我城이면 則曲在秦이니 臣願奉璧而往하여 使秦城不入이어든 請完璧而歸리이다

조趙나라 왕이 초楚나라의 화씨벽和氏璧을 얻었는데, 진秦나라 소왕昭王이 그것을 욕심내어 15개의 성과 바꿀 것을 청했다. 조나라 왕이 이것을 인상여藺相

1 和氏璧 : 《한비자》에 따르면, 초나라 사람 변화卞和가 원석을 캐서 초나라 여왕厲王에게 바쳤으나, 옥세공인이 가짜 돌이라고 판정을 내리자 여왕이 변화의 왼쪽 발꿈치를 잘라버렸다. 무왕武王이 즉위하자 변화는 다시 돌을 바쳤는데 이번에도 가짜라는 판정을 받고 나머지 오른쪽 발꿈치도 잘렸다. 문왕文王이 즉위하자 다시 옥을 바치려 했는데 발꿈치가 잘려 갈 수가 없자, 변화는 원석을 안고 울었다. 문왕이 이야기를 듣고 원석을 가져다 갈아보니, 과연 눈부신 옥이 나왔다. 문왕은 변화에게 봉록을 내려 여생을 편히 살게 했다. 그 뒤 세월이 흘러 조趙나라 혜문왕의 손에 들어갔다가 조나라가 망한 뒤 진 시황秦始皇이 전국옥새를 만들었다. 이후 전한前漢의 옥새가 되었다가, 후한後漢과 위나라, 서진, 동진, 수나라, 당나라를 거쳤다가 오대십국 시대에 석경당이 후당後唐을 치자 후당 마지막 황제 이종가李從珂가 전국옥새를 끌어안고 분신자살한 이후 행방이 묘연해졌다.

CV13375

曲 굽을 곡 ; 잘못　使 하여금 사 ; 만약

如에게 묻자, 인상여는 "진나라가 성을 가지고 화씨벽과 바꿀 것을 요구하는데 왕께서 허락하지 않으시면 잘못은 우리에게 있고, 우리가 진나라에 화씨벽을 주었는데 진나라가 우리에게 성을 주지 않으면 잘못은 진나라에 있습니다. 제가 화씨벽을 받들고 가겠습니다. 만약 진나라 성이 우리에게 들어오지 않으면 화씨벽을 온전히 하여 돌아오겠습니다."라고 대답하였다.

相如至秦하니 秦王無意償趙城이라 相如乃紿秦王하여 復取璧하여 遣使者懷歸趙하고 而以身待命於秦하니 秦王賢而弗誅하고 禮而歸之어늘 趙王이 以相如爲上大夫[1]하다

以A爲B : A를 B로 삼다

인상여가 진나라에 이르니, 진나라 왕은 조나라에 성을 갚아줄 뜻이 없었다. 인상여가 마침내 진나라 왕을 속여 다시 화씨벽을 취해서 사신使臣에게 품고서 조나라로 돌아가게 하고, 자신은 진나라에서 명령을 기다렸다. 진나라 왕은 어질다고 여겨 죽이지 않고 예우하여 그를 돌려보냈다. 조나라 왕은 인상여를 상대부上大夫로 삼았다. 《통감절요通鑑節要》〈주기周紀〉 난왕赧王 32년

성어용례

» 옥을 온전히 가지고 돌아와 선사께 바치니, 무덤에서 아마도 기뻐하시리. [完歸獻先師 夜臺庶欣悅] 김윤식金允植, 〈서경당만徐絅堂挽〉

1 上大夫 : 《주례周禮》에 의하면, 관작에는 경卿·중대부中大夫·하대부下大夫·상사上士·중사中士·하사下士의 등급이 있었다. 경卿은 상대부上大夫에 해당하며, 이로부터 공公-경卿-대부大夫-사士의 위계位階가 성립하였다.

償 갚을 상　紿 속일 태　遣 보낼 견　誅 벨 주 ; 죽이다　禮 예도 례 ; 예우하다

69 一字千金

한 일 글자 자 일천 천 금(金) 금

한 글자가 천금이다

지극히 가치 있는 뛰어난 문장

유 一字百金

莊襄王卽位三年薨하니 太子政[1]立爲王하여 尊呂不韋爲相國하고 號稱仲父(보)라 秦王年少하여 太后時時竊私通呂不韋하니 不韋家僮萬人이라

진秦나라 장양왕莊襄王이 즉위한 지 3년 만에 죽으니, 태자太子 정政이 즉위하여 왕이 되었으며, 여불위呂不韋를 높여 상국相國으로 삼고 중부仲父라 불렀다. 진왕은 나이가 어렸으므로, 태후太后는 때때로 몰래 여불위와 사통하였다. 여불위 집의 하인은 만 명이나 되었다.

當是時에 魏有信陵君하고 楚有春申君하고 趙有平原君하고 齊有孟嘗君하여 皆下士하고 喜賓客하여 以相傾이라 呂不韋以秦之彊으로 羞不如하여 亦招致士하여 厚遇之하니 至食客

1 太子政 : B.C.246~B.C.210. 장양왕莊襄王의 아들이며, 본명은 정政이다. 13세의 어린 나이로 즉위하여 초기에는 승상丞相 여불위의 보필을 받았으나, 장성하면서부터 점차 강력한 통치력을 발휘했다. B.C.221년에 중국을 통일한 이후 '시황제始皇帝'라 자칭했다.

CV13376

襄 도울 양　薨 많을 횡 ; 홍서 훙　竊 훔칠 절 ; 몰래　僮 아이 동 ; 하인
傾 기울 경 ; 경쟁하다　彊 굳셀 강　羞 부끄러울 수　招 부를 초　遇 만날 우 ; 대접하다

三千人이라

이때, 위魏나라에는 신릉군信陵君이 있었고, 초楚나라에는 춘신군春申君이 있었으며, 조趙나라에는 평원군平原君이 있었고, 제齊나라에는 맹상군孟嘗君이 있어 모두 선비들에게 자신을 낮추고 빈객을 기쁘게 맞이하는 일로 서로 경쟁하였다. 여불위는 진나라가 강한데도 그들만 못한 것을 부끄럽게 여겨, 선비들을 초대하여 그들을 후하게 대우하니, 식객이 3천 명에 이르렀다.

是時에 諸侯多辯士한대 如荀卿之徒는 著書布天下라 呂不韋乃使其客으로 人人著所聞하여 集論以爲八覽六論十二紀二十餘萬言하고 以爲備天地萬物古今之事하여 號曰 呂氏春秋라

如A : A같은
A以爲B : A해서 B를 만들다
A以爲B : A를 B로 여기다

이때 제후들에게 말을 잘하는 선비가 많았는데, 순경荀卿(순자荀子)과 같은 무리는 책을 써서 천하에 내놓았다. 여불위는 마침내 자기 식객들에게 각각 들은 것을 저술하여 논의를 모으게 하니, 팔람八覽 · 육론六論 · 십이기十二紀로 20여 만자字가 되었다. 천지·만물과 고금의 일을 갖추었다고 생각하여《여씨춘추呂氏春秋》라 불렀다.

布咸陽市門하고 懸千金其上하고 延諸侯游士賓客하여 有能增損一字者면 予千金하리라

함양咸陽의 시장 문에 펼쳐두고 그 위에 천금을 달아놓고서 제후의 유사游士와 빈객을 불러들여 이들 중에 한 자라도 더하거나 뺄 수 있는 사람이 있다면 천금千金을 주겠다고 하였다. 《사기史記》〈여불위열전呂不韋列傳〉

辯 말 잘할 변　荀 풀 이름 순　卿 벼슬 경　覽 볼 람　紀 벼리 기　延 늘일 연 ; 불러들이다　損 덜 손
予(=余) 나 여 ; (=與)주다

성어용례

» 군계일학群鷄一鶴이라 높은 풍모 짝하기 어려움 알겠고, 일자천금一字千金이라 귀한 시편 수작하기 쉽지 않네. [群鷄獨鶴知難竝 一字千金未易酬]

이산해李山海, 〈송뢰문送雷門〉

[그림 23] 진시황秦始皇

70 斗酒不辭

말 두　술 주　아니 불　사양할 사

한 말 술도 사양하지 않는다

주량이 매우 셈

(유) 過麥田大醉

舞陽侯樊噲者는 沛人也라 以屠狗爲事하고 與高祖俱隱이라 …… 項羽在戲下하며 欲攻沛公[1]한대 沛公從百餘騎하여 因項伯面見項羽하여 謝無有閉關事라 項羽旣饗軍士하여 中酒에 亞父(보)謀欲殺沛公하여 令項莊拔劍舞坐中하여 欲擊沛公하니 項伯常肩蔽之라

與AB : A와 B하다

令AB : A에게 B하게 하다

무양후舞陽侯 번쾌樊噲는 패沛 땅 사람이다. 개를 잡는 것을 일로 삼았으며, 한漢나라 고조高祖와 함께 은거하기도 했다. …… 항우項羽가 희하戲下에 머물면서 패공沛公을 공격하려고 하니, 패공은 100여 기병을 거느리고 항백項伯을 통해서 항우를 면대하여 함곡관函谷關을 폐쇄할 일이 없음을 해명하였다. 항우가 이미 군사들에게 향응을 베풀어 술자리가 무르익자, 아보亞父(범증范增)가 패공을 죽이려고 도모하여 항장項莊에게 연회석에서 칼을 빼서 춤을 추게 하여 패공을 치려고 하였다. 그러자 항백이 항상 어깨로 그것을 막았다.

---

1 沛公 : 한漢나라 고조高祖 유방劉邦이 임금이 되기 전의 칭호로, 그의 고향이 패沛 땅이다.

樊 울타리 번　噲 목구멍 쾌　沛 비 쏟아질 패　屠 죽일 도 ; 짐승을 잡다　狗 개 구
從 좇을 종 ; 거느리다　謝 사례할 사 ; 해명하다　饗 잔치할 향 ; 대접하다　肩 어깨 견
蔽 덮을 폐 ; 막다

CV13378

獨A : 오직 A만이

旣A : A한 뒤에

時獨沛公與張良得入坐하고 樊噲在營外라 聞事急하고 乃持鐵盾하여 入到營이라 營衛止噲하니 噲直撞入하여 立帳下하니 項羽目之問爲誰오 張良曰 沛公參乘[1]樊噲라하니 項羽曰 壯士로다하고 賜之卮酒彘肩하니 噲旣飮酒하고 拔劍切肉하여 食盡之라

당시 다만 패공과 장량張良만 들어가 앉을 수 있었고, 번쾌樊噲는 군영 밖에 있었다. 일이 급하다는 것을 듣고 바로 쇠방패를 가지고 들어가 군영에 이르렀다. 군영을 지키는 사람이 번쾌를 막자, 번쾌는 바로 방패로 치고서 들어가 휘장 아래에 서니, 항우가 그를 지목하여 "누구인가?"라고 물었다. 장량이 "패공의 참승參乘 번쾌입니다."라고 하니, 항우가 "장사로다."라고 하고, 그에게 한 잔의 술과 돼지 다리를 내리니, 번쾌는 술을 마시고는 칼을 뽑아서 고기를 잘라 다 먹어버렸다.

能A乎 : A할 수 있는가?
豈特A乎
: 어찌 다만 A하겠는가?

項羽曰 能復飮乎아 噲曰 臣死且不辭어든 豈特卮酒乎아 且沛公先入定咸陽하고 暴師[2]霸上하며 以待大王이어늘 大王今日至하여 聽小人之言하고 與沛公有隙하니 臣恐天下解心疑大王也라하니 項羽默然이라

항우가 "더 먹을 수 있겠는가?"라고 하니, 번쾌가 "저는 죽음도 사양하지

1 參乘 : 수레를 탈 때 어자御者가 중앙에 앉고, 임금이 왼쪽에 앉으며 오른쪽에 사람을 태워 수레의 균형을 맞추는데, 그 오른쪽에 타는 사람을 참승參乘이라 한다. 임금이 신뢰하는 친밀한 신하를 참승으로 삼는다.

2 暴師 : 군대를 노숙시킴.

營 경영할 영 ; 진영 盾(=楯) 방패 순 撞 칠 당 帳 휘장 장 卮 잔 치 彘 돼지 체
辭 말씀 사 ; 사양하다 且 또 차 ; (=夫)무릇 隙 틈 극 解 풀 해 ; 와해되다 默 잠잠할 묵

않는데, 어찌 다만 한 잔 술을 사양하겠습니까? 무릇 패공께서 먼저 함양咸陽에 들어가 평정하고 패상霸上에 군대를 노숙시키면서 대왕을 기다렸습니다. 대왕께서 오늘에 이르러, 소인의 말을 듣고 패공과 틈이 생겼으니, 저는 천하가 와해되고 마음속으로 대왕을 의심할까 걱정스럽습니다."라고 하였다. 항우는 말이 없었다.

뒷 이야기 패공은 화장실에 가다가 번쾌를 손짓해서 불러 떠났다. 나오자마자 패공은 수레와 기병은 내버려두고 홀로 한 필의 말을 타고, 번쾌 등 네 사람은 걸어서 따랐다. 산 아래의 샛길을 따라 패상의 군대로 돌아가고, 장량으로 하여금 항우에게 사과하게 하였다. 항우도 그 일로 끝내고 패공을 책망할 마음이 없었다. 이날 번쾌가 진영으로 달려 들어가 항우를 꾸짖지 않았다면, 패공의 일은 아마 위태로웠을 것이다.

《사기史記》〈번쾌열전樊噲列傳〉

성어용례

» 비단 주머니엔 어린 종이 담을 시가 부족할 뿐, 한 말 술은 원래 번쾌도 사양치 않았네.
[錦囊只乏奚奴拾① 斗酒元非樊噲辭]

성삼문成三問, 〈경차예천사류별지운송별敬次倪天使留別之韻送別〉

① 錦囊只乏奚奴拾 : 당唐나라 이하李賀는 매일 아침이면 다 떨어진 비단 주머니 하나를 어린 종의 등에 지우고 비쩍 마른 나귀를 타고 나가 벗들과 놀다가 좋은 시구詩句가 생각나면 그 즉시 적어서 주머니 속에 던져 넣었다가 해가 지면 함께 집으로 돌아왔다고 한다. 담을 시가 부족하다는 것은 지은 시가 많지 않다는 것을 의미하는 말이다.

71 袴下之辱

사타구니 과 아래 하 어조사 지 치욕 욕

사타구니 아래의 치욕

큰 뜻을 이루기 위해 작은 치욕을 견뎌냄

유 袴下辱

A者B也 : A는 B이다

淮陰侯韓信者는 淮陰人也라 始爲布衣[1]時에 貧無行하여 不得推擇爲吏요 又不能治生商賈하여 常從人寄食飮하니 人多厭之者라 常數從其下鄕南昌亭長[2]寄食이러니 數月에 亭長妻患之하여 乃晨炊蓐食하고 食時信往에 不爲具食하니 信亦知其意하고 怒竟絶去라

회음후淮陰侯 한신韓信은 회음淮陰 사람이다. 일찍이 포의布衣로 지낼 때, 가난한 데다가 특별한 행적도 없어 관리로 선발될 수 없었다. 또 생계를 꾸려갈 장사도 할 수 없어 늘 남에게 붙어서 먹으니, 사람들 중에 그를 싫어하는 자가 많았다. 일찍이 자주 〈회음의 속현屬縣인〉 하향下鄕의 남창南昌 정장亭長에게 의탁해 먹었는데, 몇 개월이 지나자 정장의 아내가 그를 미워하여 마침내 새벽에 밥을 지어 이부자리에서 먹고는 밥 먹을 때 한신이 가도 밥을 차려주지 않았다. 한신도 그의 뜻을 알고는 성을 내고서 마침내 절교하고 떠났다.

---

1 布衣 : 벼슬이 없는 선비.

2 亭長 : 10리마다 두는 정亭의 우두머리이다.

CV13421

淮 물 이름 회 擇 가릴 택 賈 장사 고 寄 부칠 기 ; 의탁하다 厭 싫어할 염
常 항상 상 ; (=嘗)일찍이 數 자주 삭 患 근심 환 ; 미워하다 炊 불땔 취 ; 밥을 짓다
蓐 깔개 욕 ; 이부자리 絶(=絕) 끊을 절

信釣於城下러니 諸母漂에 有一母見信飢하고 飯信어늘 竟漂數十日에 信喜하여 謂漂母曰 吾必有以重報母하리라 母怒曰 大丈夫不能自食일새 吾哀王孫而進食이니 豈望報乎리오

謂A曰B : A에게 B라 말하다
豈A乎 : 어찌 A하겠는가?

한신이 성 아래에서 낚시를 하고 있었는데, 여자들이 빨래를 하고 있었다. 그중에 한 여자가 한신이 굶주린 것을 보고 한신에게 밥을 주었는데 빨래를 마칠 때까지 수십 일 동안이나 계속 주었다. 한신은 기뻐서 빨래하는 여자에게 "내가 반드시 많은 것으로 당신에게 보답하겠습니다."라고 하니, 여자가 성내며 "대장부가 스스로 먹을 수 없기에 내가 왕손을 가엾게 여겨 음식을 드렸을 뿐입니다. 어찌 보답을 바라겠습니까?"라고 하였다.

淮陰屠中少年이 有侮信者하여 曰 若雖長大하고 好帶刀劍이니 中情怯耳라하고 衆辱之曰 信아 能死어든 刺我하고 不能死어던 出我袴下하라 於是信孰視之라가 俛出袴下蒲伏하니 一市人이 皆笑信以爲怯이라

A耳 : A일 뿐이다

회음의 젊은 백정 가운데 한신을 업신여기는 자가 있어 "네가 비록 장대하고 칼을 차기를 좋아하나, 마음속은 겁쟁이일 뿐이다."라고 하고, 여러 사람들 앞에서 그를 욕보이며 "한신아! 죽기를 두려워하지 않는다면 나를 찔러라. 죽는 것이 두렵다면 내 사타구니 아래로 기어나가라."라고 하였다. 이에 한신이 한참동안 그를 보다가 머리를 숙이고 사타구니 아래로 기어나오니, 온 시장 사람들이 모두 한신을 비웃으며 겁쟁이라고 하였다.

《사기史記》〈회음후열전淮陰侯列傳〉

성어용례

» 저 사타구니 아래로 기어 나갔던 것은, 장량張良이 신발을 주워다 준 것보다 더 모욕스럽네. [彼袴下之俛出 視受履其尤辱]

이행李荇, 〈이교圯橋〉

釣 낚시할 조　漂 떠다닐 표 ; 빨래하다　飢 주릴 기　屠 죽일 도 ; 백정　若 만약 약 ; 너
怯 겁낼 겁 ; 비겁하다　刺 찌를 자　孰 누구 숙 ; (=熟)무르익다　俛 숙일 부　蒲 부들 포 ; (=匍)기다

[그림 24] 한신韓信

72 涸轍鮒魚

마를 학　바퀴자국 철　붕어 부　물고기 어

수레바퀴 자국에 고인 물속의 붕어

몹시 곤궁하거나 위급한 처지에 있는 사람을 비유

유 轍鮒之急　涸轍之鮒　枯魚之肆

莊周家貧이라 故往貸粟於監河侯[1]하니 監河侯曰 諾다 我將得邑金[2]하여 將貸子三百金하리라 可乎아

將A 可乎
: 장차 A해도 괜찮은가?

장주莊周는 집이 가난하였다. 그래서 감하후監河侯에게 곡식을 빌리러 가니 감하후가 "알겠소. 내가 장차 고을의 세금을 거두면 그대에게 삼백 금을 빌려 주려고 하는데, 괜찮겠소?"라고 하였다.

莊周忿然作色曰 周昨來에 有中道而呼者하여 周顧視하니 車轍中에 有鮒魚焉이라 周問之曰 鮒魚來[3]여 子何爲者邪오 對曰 我東海之波臣[4]也니 君豈[5]有斗升之水而活我哉오

何爲A邪 : 무엇하는 A인가?
豈A哉 : 혹시 A하겠는가?

장주는 화를 내며 안색을 고치고 다음과 같이 말하였다. "내가 어제 올 때,

1 監河侯 : 황하黃河의 수리水利를 관리하는 군주라는 의미로, 가공의 인물이다.
2 邑金 : 고을의 세금.
3 來 : 문장 끝에서 조자助字로 쓰임.
4 波臣 : 동해를 군주로 보고, 파도 사이에서 노는 물고기를 이렇게 표현함.
5 豈 : 추측을 나타낸다.

貸 빌릴 대　粟 조 속　監 볼 감　諾 허락할 락 ; 느리게 대답하다

CV13381

도중에 나를 부르는 것이 있길래, 내가 돌아보니 수레바퀴 자국의 고인 물속에 붕어가 있었소. 내가 그놈을 보고, '붕어야, 너는 무엇 하는 놈이냐?'라고 하자, '저는 동해의 파도에서 노는 물고기입니다. 그대는 혹시 한 말이나 한 되쯤 되는 물을 가져다가 저를 살려주실 수 있겠습니까?'라고 하였소.

且A 可乎
: 장차 A해도 괜찮은가?
不如A : A만 못하다

周曰 諾다 我且南遊吳越之王하여 激西江之水而迎子하리니 可乎아 鮒魚忿然作色曰 吾失我常與하여 我無所處라 吾得斗升之水면 然[1]活耳어늘 君乃言此하니 曾不如早索我於枯魚之肆라하다

그래서 내가 '알겠다. 내가 장차 남쪽으로 가서 오나라와 월나라의 왕에게 유세하여 서쪽으로 흐르는 강의 물길을 바꾸어 너를 맞이하려 하려는데, 괜찮겠느냐?'라고 하였소. 그러자 붕어가 화를 내고 안색을 고치며 '저는 제가 항상 함께하던 물을 잃어서 저는 있을 곳이 없습니다. 저는 한 말이나 한 되쯤 되는 물만 얻으면 살 수 있는데 그대가 마침내 이렇게 말씀하시니, 일찌감치 건어물 가게에서 저를 찾는 것이 낫겠습니다.'라고 하였소."

《장자莊子》〈외물外物〉

성어용례

» 학철부어涸轍鮒魚 죽고 나면 이미 늦는데, 피곤과 고달픔을 어찌 논하랴? [涸魚死已晩 困瘁何足論]

황준량黃俊良, 〈덕현기행게조생정德峴紀行憩曹生亭〉

1 然 : '則'과 같다.

激 격할 격 ; 물살을 막다　忿 성낼 분　曾 일찍 증 ; (=乃)마침내　索 찾을 색　枯 마를 고
肆 방자할 사 ; 가게

73 難兄難弟

어려울 난 형(兄) 형 어려울 난 아우 제

형이라 하기도 어렵고 동생이라하기도 어렵다

우열을 판단하기 어려움

유 難爲兄難爲弟 莫上莫下 伯仲之間 伯仲之勢 互角之勢 春蘭秋菊 二難

陳元方[1]子長文有英才하여 與季方子孝先으로 各論其父功德하되 爭之不能決하여 咨於太丘한대 太丘曰 元方難爲兄이요 季方難爲弟니라

진원방陳元方의 아들인 장문長文에게는 뛰어난 재주가 있었다. 장문은 계방季方의 아들 효선孝先과 각각 자기 아버지의 공로와 은덕을 논하였다. 공덕을 다투다가 결정할 수 없어서, 할아버지 태구太丘에게 물었다. 태구는 "원방을 형이라고 하기도 어렵고, 계방을 동생이라고 하기도 어렵구나."라고 하였다.

《세설신어世說新語》〈덕행편德行篇〉

성어용례

» 형과 아우 동시에 오마五馬의 귀한 신분, 당대의 이난二難으로 이름났어라. [同時五馬貴當代二難名]

장유張維, 〈송완산윤오여확送完山尹吳汝擴〉

1 陳元方 : 진식陳寔(태구太丘의 현령을 지냄)의 아들 진기陳紀를 말한다. 원방元方은 그의 자字이다. 그 아우가 진심陳諶이고, 자字는 계방季方이다. 진기의 아들이 진군陳群(장문長文), 진심의 아들이 진충陳忠(효선孝先)이다.

CV13382

陳 베풀 진 咨 물을 자 丘 언덕 구

74 咸興差使

다 함　일어날 흥　심부름꾼 차　벼슬이름 사

함흥으로 간 차사

심부름을 간 사람이 소식이 아주 없음, 회답이 좀처럼 오지 않음

不肯A : A하려고 하지 않다

太祖晩年에 有豐沛[1]之戀하여 禪位[2]世子하고 行北闕하여 不肯回鑾[3]일새 朝廷每請奉還[4]이나 而不得請이라 前後使者十輩가 皆不得還하니 此所謂咸興差使[5]也라

태조가 만년에 왕업을 일으킨 함흥에 대한 그리움이 있어 세자에게 왕위를 물려주고 북쪽 대궐로 가고 나서는 대궐로 돌아오려 하지 않았다. 이에 조정에서 매번 돌아오도록 청하였으나 요청을 이룰 수 없었다. 전후로 보낸 사신만 10여 명이었는데, 모두 돌아오지 못하였다. 이것이 이른바 함흥차사이다.

判承樞朴淳이 慷慨請行호대 至咸興하여 遙望行宮[6]하고 故

1 豐沛 : 한漢나라 고조高祖의 고향이 패현沛縣 풍읍豐邑이었던 것에 기인하여 나라를 세운 제왕의 고향을 가리키는 말이 되었다.

2 禪位 : '선양禪讓'과 같은 말로, 임금 자리를 남에게 물려주는 것을 말한다.

3 回鑾 : 천자가 대궐로 돌아옴, 환궁還宮.

4 奉還 : '귀환歸還'과 같은 말이다.

5 差使 : 중요한 임무를 취해 파견하는 임시직이다.

6 行宮 : 왕이 외출할 때 거처하는 궁실이다.

CV13384

戀 그리워할 련　禪 선 선 ; 물려주다　闕 대궐 궐　肯 즐길 긍 ; (=欲)~하려고 하다
鑾 방울 란 ; 왕의 수레　輩 무리 배　謂 이를 위　樞 지도리 추　淳 순박할 순　慷 슬플 강
慨 슬퍼할 개　遙 멀 요

以子馬繫于樹하고 騎母馬而行하니 馬回顧躑躅不能進이라 及上謁하여 淳上王布衣交[1]也라 懽然道故款待하고 仍問曰 繫子馬于樹는 何也오 對曰 妨於行路라 故繫之한대 則母子不忍相離니이다 雖微物이라도 亦至情也니이다하고 固涕淚嗚咽하니 上王亦汪然感涕라

A何也 : A는 어째서인가?
雖A : 비록 A라도

판승추부사 박순이 비분강개하여 자신이 가기를 청하였다. 함흥에 이르러 멀리서 행궁行宮을 바라보고는 일부러 새끼 말을 나무에 매어 두고 어미 말만 타고 가는데, 어미 말이 자꾸 뒤돌아보며 머뭇거려 나아갈 수가 없었다. 임금을 뵙자, 박순은 상왕上王의 어렸을 때부터의 친구였기 때문에 상왕이 반갑게 옛일을 얘기하며 정성껏 대접해주었다. 이어 묻기를, "새끼 말을 나무에 매어 둔 것은 어째서인가?" 하니, 대답하기를, "길을 가는 데 방해가 되므로 매어 두었는데, 어미와 새끼가 차마 서로 헤어지지 못하였습니다. 비록 미물이라도 지극한 정이 있나 봅니다."라고 하고, 진실로 눈물을 흘리며 오열하니, 상왕도 감격하여 눈물을 줄줄 흘렸다.

一日與淳局戲할세 適有鼠啣子라가 墮屋至死로되 不相捨라 淳復推局하고 伏地而泣하니 上王戚然하여 卽諭回蹕之意라

하루는 박순과 함께 바둑을 두고 있었는데, 마침 쥐가 새끼를 물고 가다가 지붕에서 떨어져 죽게 되었는데도 서로 저버리지 않았다. 이에 박순이 다시 바둑판을 밀고 땅에 엎드려 우니, 상왕이 슬퍼하여 곧 대궐로 돌아갈 뜻을

1 布衣交 : 신분이나 지위에 얽매이지 않고 사귐으로, 빈천지교貧賤之交를 가리킨다.

躑 머뭇거릴 척　躅 머뭇거릴 촉　謁 뵐 알　懽 기뻐할 환　款 항목 관 ; 정성　仍 인할 잉
涕 눈물 체　淚 눈물 루　咽 목멜 열　汪 넓을 왕 ; 눈물 흘리다　戲 희롱할 희 ; 놀이　鼠 쥐 서
啣 재갈머금을 함 ; 물다　戚 친척 척 ; 슬퍼하다　諭 타이를 유 ; 밝히다　蹕 벽제할 필 ; 천자의 수레

밝혔다.

若A則 : 만약 A하면

淳辭歸한대 上王曰 亟行而已하라 行在[1]諸臣이 爭請殺之나 上王不許라가 度已渡龍興江[2]하고 而授使者劒曰 若已渡江이면 則勿追하라 淳偶得暴疾하여 尙在船中하며 未離崖라

박순이 하직하고 돌아가려는데, 상왕이 "빨리 가라."라고 하였다. 행재소行在所에 있던 신하들이 다투어 그를 죽이기를 청하였으나 상왕이 허락하지 않았다. 상왕은 이미 용흥강龍興江을 건넜으리라 추측하고 사자에게 칼을 주면서, "만약 이미 강을 건넜으면 추격하지 말라."라고 하였는데, 박순이 우연히 급작스러운 병에 걸려 그때까지 배 안에 있으면서 강가를 벗어나지 못하고 있었다.

願A : 바라건데 A하소서

命AB : A에 명하여 B하게 하다

遂腰斬而還하니 上王大慟曰 淳死何言고 使者對曰 但北向行宮하여 呼曰 臣死矣니 願毋改前言하소서 上王流涕曰 淳少時良友也라 予不食疇昔之言이라하고 遂回鑾이라 太宗問淳之死하고 驚慟軫恤有加하고 命畫工畫其半身하여 以著其實이라

1 行在 : 행재소行在所로, 임금이 거동할 때 머무르는 곳이다.

2 龍興江 : 함경남도의 남쪽에 있는 강으로, 옛 이름은 횡강橫江 또는 요락지瑤樂池라고 하였다. 명칭은 조선 태종 때 봉사奉使로 온 하륜河崙이 술좌석에서 순문사巡問使 강회백姜淮伯에게 "여기가 환조桓祖의 복거지卜居地요, 태조가 출생한 고향이니 그 이름을 용흥강이라고 지어 부르자."라고 한 데에서 연유하였다고 한다.

亟 빠를 극 ; 급히 度 헤아릴 탁 渡 건널 도 劒 칼 검 疾 병 질 崖 언덕 애 ; 물가 腰 허리 요 斬 벨 참 慟 서러워할 통 毋 말 무 疇 이랑 주 ; 접때 軫 수레 뒤턱 나무 진 ; 슬퍼하다 恤 근심할 휼 畫 그림 화 ; 그리다

마침내 사자使者가 박순의 허리를 베고 돌아오니, 상왕이 크게 통곡하며 이르기를, "박순이 죽으면서 무어라 하던가?"라고 하니, 사자가 대답하기를, "다만 북쪽으로 행궁을 향하여 부르짖기를, '신은 죽습니다. 원컨대 전에 하신 말씀을 바꾸지 마소서.'라고 하였습니다."라고 하자, 상왕이 눈물을 흘리며 "박순은 어렸을 적의 좋은 친구이다. 내가 지난번에 한 말을 번복하지는 않을 것이다."라고 하고, 마침내 어가를 대궐로 돌렸다. 태종이 박순의 죽음을 물어보고는 놀라 애통해하면서 슬퍼하고는 자급을 더해주고, 화공에게 명하여 그의 상반신을 그려서 그 사실을 드러내게 하였다.

《임하필기林下筆記》〈문헌지장편文獻指掌編〉

성어용례

» 일찍이 자식이 동쪽으로 간 이후로 소식이 없어 근심스럽고 답답하여 견딜 수 없으니, 정말로 이른바 '함흥차사'라는 것입니다. [曾兒東去後 無有所聞 悶鬱無堪 眞所謂咸興差使者也]

송시열宋時烈, 〈여윤체원與尹體元〉

75 不言長短

아니 불 말씀 언 장점 장 단점 단

장점과 단점을 말하지 않다

함부로 타인의 장점이나 단점에 대한 평가를 삼감

昔黃相國喜가 微時行役이라가 憩于路上이라 見田夫駕二牛而耕者하고 問曰 二牛何者爲勝고 田夫不對하고 輟耕而至하여 附耳細語曰 此牛勝이라

옛날 상국相國 황희黃喜가 벼슬하지 않았을 때 여행을 하다가 길가에서 쉬었다. 농부가 두 마리 소를 멍에 씌워 밭을 갈고 있는 것을 보고, "두 마리의 소 중에서 어느 소가 더 낫습니까?"라고 물으니, 농부는 대답을 하지 않고 밭가는 것을 그치고서 황희가 있는 곳까지 와서 귀에 대고 귓속말로 "이 소가 더 낫습니다."라고 하였다.

何以A
: 무엇 때문에 A하는가?
寧無A乎
: 어찌 A하지 않겠는가?
A云 : A라 하더라

公怪之曰 何以附耳相語오 田夫曰 雖畜物이라도 其心與人同也라 此勝則彼劣하니 使牛聞之면 寧無不平之心乎리오 公大悟하여 遂不復言人之長短云이라

황희가 그것을 이상하게 여기고서 "어찌하여 귀에 대고 말씀을 하십니까?"라고 하니, 농부가 "비록 가축이라도 그 마음은 사람과 같습니다. 이 소가 낫

CV13387

微 작을 미 ; 천하다 憩 쉘 게 駕 멍에 씌울 가 勝 이길 승 ; 낫다 輟 그칠 철 附 붙을 부
寧 편안할 녕 ; 어찌 悟 깨달을 오

다고 하면 저 소는 못하게 되는 것이니, 만약 소가 그것을 듣는다면, 어찌 불평스러운 마음이 없겠습니까?"라고 하였다. 황희는 크게 깨닫고서, 드디어 다시는 남의 장단점을 말하지 않았다고 한다. 《지봉유설芝峰類說》〈성행부性行部〉

76 借鷄騎還

빌릴 차 닭 계 말탈 기 돌아올 환

닭을 빌려서 타고 돌아가다

손님을 박대薄待하는 것을 빗대어 이르는 말

㉾ 傾筐倒篋 截髮易酒 觥籌交錯 冒雨翦韭

絶無A : A가 전혀 없다

金先生善談笑라 嘗訪友人家러니 設酌에 只蔬菜라 主人先謝曰 家貧市遠하여 絶無兼味하고 惟淡泊하니 是愧耳라 適有群鷄 亂啄庭이어늘 金曰 大丈夫不惜千金이니 當斬吾馬하여 佐酒하리라 主人曰 斬馬면 騎何物而還고 金曰 借鷄騎還하리라 主人大笑하고 殺鷄餉之라

김선생金先生은 담소를 잘했다. 일찍이 친구의 집을 방문했는데, 마련한 술자리에 채소뿐이었다. 주인이 먼저 "집이 가난하고 시장이 멀어 맛있는 음식이라곤 하나도 없습니다. 오직 담박한 음식뿐이라 이것이 부끄러울 따름입니다."라고 사과하였다. 마침 여러 마리 닭이 뜰에서 어지럽게 모이를 쪼고 있었다. 김선생이 "대장부는 천금을 아끼지 않는 법이오. 마땅히 내 말을 잡아서 술안주로 해야겠소."라고 하자, 주인이 "말을 잡으면 무엇을 타고 돌아간단 말입니까?"라고 하였다. 김선생이 "닭을 빌려서 타고 돌아가겠습니다."라고 하니, 주인은 크게 웃으며 닭을 잡아 대접했다.

《태평한화골계전太平閑話滑稽傳》

CV13388

酌 술부을 작 ; 잔치, 술자리　蔬 나물 소 ; 채소　謝 사례할 사 ; 사과하다
泊 머무를 박 ; 담박하다　愧 부끄러울 괴　啄 쪼을 탁　惜 아낄 석　斬 벨 참　佐 도울 좌
餉 건량 향 ; 먹이다

6부

신의信義
교우交友
아량雅量
보은報恩
자애慈愛
의리義理

77 管鮑之交

대롱 관 절인물고기 포 어조사 지 사귈 교

관중과 포숙의 사귐

서로를 이해하는 절친한 친구 사이

유 刎頸之交 金蘭之交 斷金之交 膠漆之交 莫逆之友 貧寒之交 杵臼之交 芝蘭之交 金石之交

반 市道之交 酒食兄弟

- 공자 소백 : 성은 강姜, 휘는 소백小白, 시호는 환공桓公으로, 거莒나라에 망명하였다가 귀국하였다. 아버지는 희공僖公, 형은 양공襄公으로, 양공은 누이동생 문강과 내연의 관계를 가지는 등 비정상인 인물이었다.
- 공자 규 : 제나라 환공桓公의 형.

앞 이야기 관중管仲 이오夷吾는 영상潁上 땅 사람이다. 젊었을 때 항상 포숙아鮑叔牙(포숙)와 교유하였는데, 포숙은 그의 현명함을 알아주었다. 관중은 가난하여 늘 포숙을 속였지만, 포숙은 끝까지 그를 잘 대해주고 이렇다 저렇다 말을 하지 않았다. 얼마 뒤에 포숙은 제齊나라 공자公子 소백小白을 섬겼고, 관중은 공자公子 규糾를 섬겼다.

소백이 즉위하여 환공桓公이 되자, 공자 규는 죽고 관중은 갇히니, 포숙이 마침내 관중을 추천하였다. 관중이 기용되어 제나라에서 정치를 맡으니, 제나라 환공이 패자霸者로서 제후들을 규합(흩어진 사람들을 한데 모으는 것)하여 천하를 바로잡은(어지러운 천하를 바로잡아 다스림) 것은 관중의 지략이었다.

以A爲B : A를 B라고 여기다

管仲曰 吾始困時에 嘗與鮑叔賈러니 分財利에 多自與나 鮑叔不以我爲貪하니 知我貧也오 吾嘗爲鮑叔謀事라가 而更窮困에 鮑叔不以我爲愚하니 知時有利不利也오

CV13390

관중이 말하였다. "내가 처음에 곤궁했을 때 포숙과 장사를 한 적이 있었는데, 재물의 이익을 나누면서 나 자신에게 준 것이 많았다. 그런데 포숙은 나

賈 장사 고 與 더불 여 ; 주다

를 탐욕스럽다고 생각하지 않았다. 내가 가난하다는 것을 알았기 때문이었다. 내가 일찍이 포숙을 위해 일을 계획했다가 더욱 곤궁해졌을 때 포숙은 나를 어리석다고 생각하지 않았다. 때에는 이롭고 이롭지 못함이 있음을 알았기 때문이다.

吾嘗三仕하여 三見逐於君이로되 鮑叔不以我爲不肖[1]하니 知我不遭時也오 吾嘗三戰三走로되 鮑叔不以我爲怯하니 知我有老母也오 公子糾敗에 召忽死之하고 吾幽囚受辱이나 鮑叔不以我爲無恥하니 知我不羞小節하고 而恥功名不顯于天下也라 生我者父母요 知我者鮑子也로다

見A於B : B에게 A 되어지다
以A爲B : A를 B라고 여기다

내가 일찍이 세 번 벼슬했다가 세 번 임금에게 쫓겨났는데 포숙은 나를 어리석다고 생각하지 않았다. 내가 때를 만나지 못했음을 알았기 때문이었다. 내가 일찍이 세 번 전쟁에 나갔다가 세 번 달아났는데 포숙은 나를 비겁하다고 생각하지 않았다. 나에게 늙은 어머니가 있음을 알았기 때문이었다. 공자 규가 패했을 때 소홀召忽은 그 전투에서 죽었는데, 나는 감옥에 갇혀 모욕을 받았지만 포숙은 나를 부끄러움이 없다고 생각하지 않았다. 내가 작은 절개를 부끄러워하지 않고, 업적과 명성이 세상에 드러나지 않음을 부끄럽게 여긴다는 것을 알았기 때문이다. 나를 낳아준 사람은 부모요, 나를 알아준 사람은 포선생이다."

鮑叔旣進管仲하여 以身下之하고 子孫世祿于齊하여 有封邑[2]者十餘世하여 常爲名大夫라 天下不多管仲之賢하고 而

1 不肖 : '현명한 부모를 닮지 않았다'는 '불초현부不肖賢父'의 준말로 '어리석다'는 의미.

2 封邑 : 옛날 왕이 제후에게 내리는 영지領地나 식읍食邑을 말한다.

逐 쫓을 축 ; 쫓아내다 遭 만날 조 怯 겁낼 겁 羞 부끄러울 수 節 마디 절 ; 절개 祿 녹 록

多鮑叔能知人也라

포숙은 관중을 추천한 뒤에는 자신을 그보다 아래 지위에 두었으며, 자손들은 대대로 제나라에서 봉록을 받아 봉읍封邑을 소유한 것이 10여 대나 되어 항상 명망 있는 대부大夫가 되었다. 천하 사람들은 관중의 현명함을 칭찬하지 않고, 포숙이 사람을 잘 알아봄을 칭찬하였다.

《사기史記》〈관중열전管仲列傳〉

성어용례

» 요즘은 관포지교管鮑之交가 없다는 말 정녕 미덥고, 인생길이 효함崤函보다 더 험함을 이제야 알겠구나. [已信今時無管鮑 方知行路過崤函①] 정온鄭蘊, 〈우음偶吟〉

① 崤函 : 효산崤山과 함곡관函谷關의 병칭으로, 모두 진秦나라 수도인 함양咸陽을 지키는 요충지인데, 험준하기로 이름난 곳이다.

多 많을 다 ; 칭찬하다

78 結草報恩

묶을 결 풀 초 갚을 보 은혜 은

풀을 엮어서 은혜를 갚다

죽어서도 은혜를 잊지 않고 갚음

유 刻骨難忘 難忘之澤 難忘之恩 白骨難忘

반 背恩忘德

秋七月에 秦桓公이 伐晉하여 次于輔氏[1]어늘 壬午에 晉侯治兵于稷하여 以略狄土하여 立黎侯而還이러니 及雒(락)에 魏顆(과)[2] 敗秦師于輔氏하고 獲杜回하니 秦之力人也라

가을 7월에 진秦나라 환공桓公이 진晉나라를 쳐서 보씨輔氏에 머물렀다. 임오일에 진나라 군주는 직稷에서 군대를 정돈하여 오랑캐의 땅을 침략하고, 여黎나라의 군주를 세워주고 돌아갔다. 낙雒에 이르러 위과魏顆가 보씨에서 진나라 군대를 패배시키고 두회杜回를 잡았는데, 두회는 진나라의 힘 있는 사람이었다.

初魏武子[3]有嬖妾하여 無子러니 武子病에 命顆曰 必嫁是

命AB
: A에 명하여 B하게 하다

1 輔氏 : 진晉의 지명으로, 섬서성陝西省 서북쪽 땅이다.

2 魏顆 : 위무자의 아들로, 장수將帥이다.

3 魏武子 : 진晉나라 문공文公이 주유천하할 때 보필한 충신인 위주魏犨로, 조희祖姬라는 애첩이 있었다.

次 버금 차 ; 머무르다 略 간략할 략 ; 침범하다 狄 오랑캐 적 嬖 사랑할 폐 嫁 시집갈 가

CV13391

하라하고 疾病[1]에 則曰 必以爲殉하라 及卒에 顆嫁之曰 疾病則亂하니 吾從其治也하리라

일찍이 위무자魏武子에게 사랑하는 첩이 있었는데 그 사이에 아들이 없었다. 위무자가 병이 들자, 위과에게 "이 사람을 반드시 개가改嫁시켜라."라고 명령하였다. 병이 심해지자 "반드시 이 사람을 순장시켜라."라고 하였다. 위무자가 죽자, 위과는 그녀를 개가시키면서 "병이 심해지면 정신이 혼란해지니, 나는 아버지께서 맑은 정신일 때 하신 말씀을 따르겠다."라고 하였다.

及A : A할 때에

及輔氏之役에 顆見老人結草以亢杜回하니 杜回躓而顚이라 故獲之라 夜夢之에 曰 余는 而所嫁婦人之父也니 爾用先人之治命[2]이라 余是以報라

보씨에서 전쟁할 때 위과는 노인이 풀을 엮어서 두회를 막아주는 것을 보았다. 두회가 걸려 넘어졌으므로 두회를 사로잡을 수 있었던 것이다. 그날 밤 꿈에 "나는 당신이 개가시킨 부인의 아버지요. 그대가 선친의 맑은 정신일 때의 명령을 따랐기 때문에 내가 보답한 것이오."라고 하였다.

《춘추좌씨전春秋左氏傳》 선공宣公 15년

성어용례

» 군주의 은혜 갚으려 해도 길이 없으니, 응당 다음 생에서 결초보은結草報恩하는 사람 되리라. [君恩欲報知無路 應作他生結草人] 성혼成渾, 〈환파산還坡山〉

1 疾病 : 병이 심해짐.

2 治命 : 죽을 무렵, 정신이 맑을 때의 유언遺言을 이르는 말. 상대어는 난명亂命.

殉 따라 죽을 순　役 부릴 역 ; 전쟁　亢 높을 항 ; 가리다　躓 걸려 넘어질 지　顚 넘어질 전
獲 얻을 획 ; 잡다　而(=爾) 너 이

79 絶纓之會

끊을 절 갓끈 영 어조사 지 모임 회

갓의 끈을 끊은 모임

타인에게 너그러운 덕을 베푸는 넓은 아량

(유) 楚莊絶纓 絶纓之宴 得蛭呑之

楚莊王[1]이 賜群臣酒러니 日暮酒酣에 燈燭滅하니 乃有人引美人之衣者라 美人援絶其冠纓하고 告王曰 今者燭滅에 有引妾衣者어늘 妾援得其冠纓하여 持之하니 趣火來上하여 視絶纓者하소서

A者 : A 때에

초楚나라 장왕莊王이 여러 신하들에게 술을 내렸다. 날이 저물어 술자리가 무르익었을 때 등불이 꺼지니, 이에 후궁의 옷을 잡아당기는 사람이 있었다. 후궁이 그의 갓끈을 잡아당겨 끊어 버리고, 왕에게 "지금 불이 꺼진 틈에 첩의 옷을 잡아당긴 자가 있었습니다. 첩이 그의 갓끈을 끊어 가지고 있으니, 불을 위로 가져오라고 재촉하시어 갓끈 끊어진 자를 찾아 주십시오."라고 하였다.

王曰 賜人酒하여 使醉失禮어늘 奈何欲顯婦人之節而辱士乎아하고 乃命左右曰 今日與寡人飮에 不絶冠纓者는 不

奈何A乎
: 어찌하여 A하겠는가?
命AB
: A에 명하여 B하게 하다

1 楚莊王 : 춘추시대 초나라 왕으로 춘추오패春秋五霸의 한 사람이다. 즉위한 뒤 손숙오孫叔敖를 기용하여 내정을 정비하고 수리水利를 일으켰다.

酣 흥겨울 감 ; 술자리가 무르익다 援 도울 원 ; 당기다 纓 갓끈 영 趣 재촉할 촉 醉 취할 취

CV13392

歡이라하니 群臣百有餘人이 皆絕去其冠纓하여 而上火하고 卒盡歡而罷라

왕이 “내가 신하에게 술을 내려 취하여 예를 잃게 했는데, 어찌 부인의 정절을 드러내려고 선비를 욕보일 수 있겠는가?”라고 하고, 마침내 좌우 신하들에게 “오늘 과인과 더불어 술을 마시면서 갓끈을 끊지 않은 자는 즐겁지 않은 자다.”라고 하니, 백 명이 넘는 여러 신하 모두가 자기의 갓끈을 끊고 나서야 불이 올라왔고, 끝까지 그 즐거운 분위기를 다한 뒤에 잔치를 마쳤다.

未嘗A : 일찌기 A하지 않았다
何故A : 무슨 까닭으로 A 하는가?

居三年에 晉與楚戰할새 有一臣常在前하여 五合五奮하여 首却敵하고 卒得勝之라 莊王怪而問曰 寡人德薄하고 又未嘗異子어늘 子何故出死不疑如是오 對曰 臣當死니이다

3년이 지난 후, 진晉나라와 초楚나라가 전쟁을 하는데, 어떤 한 신하가 항상 선봉에 나서서 다섯 번 싸움에 다섯 번 모두 용맹하게 싸워 앞에서 적을 격퇴시킨 덕에 마침내 승리할 수 있었다. 장왕이 이상하게 여겨 “과인은 덕이 적고 또 일찍이 그대를 특별하게 대하지도 않았는데, 그대는 무슨 까닭으로 목숨을 바치는 데에 이처럼 망설임 없이 나섰는가?”라고 물으니, 신하가 “저는 마땅히 죽어야 했습니다.

往者醉失禮로되 王隱忍[1]不加誅也하시니 臣終不敢以蔭蔽之德而不顯報王也니이다 常願肝腦塗地[2]하고 用頸血湔敵

1 隱忍 : 겉에 나타내지 않고 견디며 참음.

2 肝腦塗地 : ‘참혹한 죽음을 당하여 간과 뇌가 땅바닥에 으깨어졌다’는 뜻으로, 나랏일을 위하여 제 목숨을 돌보지 아니하고 온 힘을 다하는 것을 비유적으로 이르는 말.

罷 마칠 파　奮 떨칠 분　却 물리칠 각　誅 벨 주　蔭 그늘 음 ; 가리다　蔽 덮을 폐 ; 가리다
肝 간 간　腦 골 뇌　塗 칠할 도 ; 바르다　頸 목 경　湔 씻을 전 ; 뿌리다

이 久矣니 臣乃夜絶纓者也니이다

지난날 술에 취해 실례하였는데 왕께서 참으시고 제게 벌을 내리지 않으셨습니다. 저는 끝내 감히 남몰래 감싸 주신 덕을 밝게 드러내 왕께 보답하지 않을 수가 없었습니다. 늘 간과 뇌를 땅에 바르고 목의 피를 적군에게 뿌려 그 은혜 갚기를 원한 지 오래되었습니다. 제가 바로 그날 밤 잔치에서 갓끈이 끊겼던 자입니다."라고 대답하였다.

遂敗晉軍하고 楚得以强하니 此有陰德者必有陽報也라

드디어 진나라 군대를 물리치고 초나라가 강해질 수 있었으니, 이것이 남몰래 덕을 베풂이 있는 자는 반드시 드러내어 보답한다는 것이다.

《설원說苑》〈복은편復恩篇〉

强 강할 강

80 知音

알지 소리음

소리를 알아주다

자기의 속마음을 알아주는 친구

유 伯牙絶絃 伯牙破琴 高山流水 知己之友

A哉 : A하구나!

伯牙[1]善鼓琴하고 鍾子期[2]善聽이라 伯牙鼓琴에 志在登高山이어늘 鍾子期曰 善哉라 峨峨兮若泰山이로다 志在流水어늘 鍾子期曰 善哉라 洋洋兮若江河로다 伯牙所念을 鍾子期必得之라

백아伯牙는 거문고를 잘 연주했고, 종자기鍾子期는 잘 들었다. 백아가 거문고를 연주할 때 뜻이 높은 산을 오르는 것에 있으면 종자기는 "좋구나! 높고 높은 것이 태산 같구나."라고 하였고, 뜻이 흐르는 물에 있으면 종자기는 "좋구나! 넓고 넓은 것이 장강과 황하 같구나."라고 하였다. 백아가 생각한 것을 종자기는 반드시 이해하였다.

伯牙遊於泰山之陰에 卒逢暴雨하여 止於巖下러니 心悲하여

1 伯牙 : 춘추시대 초나라 사람으로, 성은 유兪씨다. 성련成連에게 거문고를 배워 거문고의 대가가 되었다. 처음 3년 동안 진척이 없자 성련이 동해東海 봉래산蓬萊山에 보내 바닷물이 출렁거리는 소리와 새들이 지저귀는 소리를 듣게 했는데, 감정이 움직이면 마음도 느끼는 바가 있다는 사실을 깨달아 연주 실력이 크게 발전했다.

2 鍾子期 : 춘추시대 초나라 사람으로, 음률音律을 잘 구별했다.

CV13394

峨 높을 아

乃援琴而鼓之호대 初爲霖雨之操라가 更造崩山之音이라 曲每奏에 鍾子期輒窮其趣하니 伯牙乃舍琴而嘆曰 善哉善哉로다 子之聽夫여 志想象猶吾心也니 吾於何逃聲哉[1]리오

A輒B : A하기만 하면 B하다
A哉 B夫 : A하구나! B여

백아가 태산泰山의 북쪽에서 노닐 때 갑자기 소나기를 만나 바위 밑에서 쉬는데, 마음이 슬퍼져 마침내 거문고를 끌어당겨 연주하기 시작했다. 처음에는 장맛비가 쏟아지는 곡조로 시작되다가, 나중에는 태산이 무너지는 듯한 소리를 내었다. 곡이 연주될 때마다 종자기는 그 뜻을 번번이 다 이해하니, 백아가 마침내 거문고를 놓아두고 감탄하기를 "좋구나! 좋구나! 그대가 음악을 들음이여. 〈음률에 담긴〉 뜻을 생각하는 것이 나의 마음과 같도다. 내가 어디로 소리를 숨기겠는가?"라고 하였다. 《열자列子》〈탕문편湯問篇〉

鍾子期死에 伯牙破琴絶弦하고 終身不復鼓琴하며 以爲世無足復爲鼓琴者라

종자기가 죽자, 백아는 거문고를 부수고 거문고 줄을 끊더니, 죽을 때까지 다시는 거문고를 연주하지 않았다. 세상에 다시는 거문고를 연주해줄 만한 사람이 없을 것이라고 생각하였다. 《여씨춘추呂氏春秋》〈효행람孝行覽〉

1 吾於何逃聲哉 : 백아의 거문고 소리가 종자기의 이해를 벗어날 수 없다는 의미이다.

援 도울 원 ; 끌어당기다　霖 장마 림　操 잡을 조 ; 곡조, 풍치　奏 아뢸 주 ; 연주하다
輒 문득 첩 ; 번번이　趣 뜻 취　夫 지아비 부 ; 어조사　象 코끼리 상 ; 견주다　逃 도망할 도 ; 숨기다
絶(=絕) 끊을 절　弦 활시위 현

성어용례

» 가을바람에 오직 괴롭게 읊나니, 온 세상에 나를 알아주는 이 드무네. [秋風惟苦吟 擧世少知音]

최치원崔致遠, 〈추야우중秋夜雨中〉

[그림 25] 백아고금도伯牙鼓琴圖

81 倚閭之望

기댈 의　마을 려　어조사 지　바라볼 망

마을 문에 기대어 바라보다

부모의 자식 걱정

㊒ 倚門而望　倚門之望　倚閭而望　倚閭之情　倚門倚閭

齊淖齒之亂[1]에 王孫賈[2]從湣王이라가 失王之處어늘 其母曰 汝朝出而晚來면 則吾倚門而望하고 汝暮出而不還하면 則吾倚閭而望이러니 汝今事王이라가 王走어시늘 汝不知其處하니 汝尚何歸焉고

何A焉 : 어찌 A한가?

제齊나라 요치淖齒의 난리에 왕손가王孫賈가 제나라 민왕湣王을 수행하다가 왕의 소재를 잃었다. 〈집에 돌아오자〉 그의 어머니가 "네가 아침에 나가서 늦게 돌아오면 나는 문에 기대어 바라보고, 네가 저녁에 나가서 돌아오지 않으면 나는 마을 문에 기대어 바라본다. 네가 지금 왕을 모시다가 왕께서 달아

1 淖齒之亂 : 연燕나라 왕이 악의樂毅로 하여금 제나라를 공격하게 하자, 초나라는 요치를 시켜 제나라를 구원하게 했는데, 요치는 연나라와 모의하여 제나라를 나누고자 하여 왕을 시해하였다.

2 王孫賈 : 전국시대 제나라 사람이다. 춘추시대 위衛나라 사람으로 영공靈公 때 대부大夫를 지냈던 동명이인同名異人인 왕손가王孫賈와는 다른 사람이다. 춘추시대 왕손가는 공자孔子가 위나라에 오자 "아랫목 귀신에게 아첨하느니 차라리 부뚜막 귀신에게 아첨하는 것이 낫다고 하는데, 그것은 무엇을 말하는 것입니까?[與其媚於奧 寧媚於竈 何謂也]"라면서 영공보다는 권신인 자기에게 잘 보이라고 은근히 회유했다. 이에 대해 공자는 "그렇지 않다. 하늘에 죄를 지으면 용서를 빌 곳이 없다.[不然 獲罪於天 無所禱也]"라고 하면서 거절했다.

淖 진흙 뇨　湣 근심할 민

CV13396

나셨는데, 너는 그 소재를 알지 못하니, 네가 그러고도 어떻게 돌아왔느냐?" 라고 하였다.

A以爲B : A해서 B로 삼다

王孫賈乃攻淖齒하여 殺之라 於是에 齊亡臣이 相與求湣王子法章하여 立以爲齊王하고 保莒城하여 以拒燕하다

왕손가는 마침내 요치를 공격하여 그를 죽였다. 이에 제나라의 도망간 신하들이 서로 함께 민왕의 아들인 법장法章을 찾아 세워서 제나라 왕으로 삼고, 거성莒城을 지켜 연燕나라를 막았다.

《통감절요通鑑節要》〈주기周紀〉 난왕赧王 32년

성어용례

» 상심한 채 마을 문 있는 곳에 기대어, 저물녘 돌아올 기약 눈 빠지게 기다리네. [傷心倚閭地 目斷暮歸期] 송상기宋相琦, 〈윤판서중강만尹判書仲綱挽〉

» 나그네의 정회가 오래도록 편할 날이 없구나. 어머니께서 고생스럽게 조석으로 문에 기대실 테니까. [遊子情懷久未安 慈親朝暮倚門難] 이곡李穀, 〈황도추일皇都秋日〉

拒 막을 거

82 豫讓報主[1]

미리 예　사양할 양　갚을 보　임금 주

예양이 군주에게 보답하다

자기를 알아주는 사람을 위해 애씀

(유) 豫讓呑炭　漆身呑炭

앞 이야기 예양豫讓은 진晉나라 사람이다. 일찍이 범씨范氏와 중항씨中行氏를 섬기다가 떠나서 지백智伯을 섬겼는데, 지백은 그를 존중하고 총애하였다. 조趙나라 양자襄子가 한씨韓氏·위씨魏氏와 힘을 합쳐 모의하여 지백을 멸하고 그 땅을 셋으로 나누었다.

• 범씨와 중항씨 : 진晉나라 조정의 실권 세력의 여섯 가문중 범씨范氏, 중항씨中行氏를 말함

襄子怨智伯[2]하여 漆其頭하여 爲飮器[3]러니 讓曰 士爲知己者死하고 女爲說(열)己者容이니 我必爲智伯報讐하리라하고 乃變名姓爲刑人하여 入宮 塗厠中이라가 挾匕首[4]하여 欲以刺襄子러니 襄子如厠心動하여 搜之하니 則豫讓也라 襄子義而釋之라

1 《사기史記》〈자객열전刺客列傳〉에는 이보다 상세히 기록되어 있다.

2 襄子怨智伯 : 지백이 한씨, 위씨, 조씨의 땅을 빼앗을 작정으로 한강자韓康子, 위환자魏桓子, 조양자趙襄子 등 세 대부를 집으로 불러 땅을 바칠 것을 요구하였는데, 한강자와 위환자는 바치겠다고 했으나 조양자는 반대하여 싸움이 벌어졌던 일을 말한다.

3 飮器 : 술잔. 요강이라는 설도 있음.

4 匕首 : 짧은 칼.

襄 도울 양　漆 옻칠할 칠　說 기뻐할 열 ; 좋아하다　讐 원수 수　塗 칠할 도　厠 뒷간 측
挾 낄 협　匕 비수 비　刺 찌를 자　如 같을 여 ; 가다　搜 어지러울 소 ; 찾을 수

CV13532

양자는 지백을 원망하여 그의 머리에 옻칠을 하여 술잔을 만들었다. 그러자 예양이 "선비는 자기를 알아주는 사람을 위해서 죽고, 여자는 자기를 예뻐해 주는 사람을 위해 화장을 한다. 나는 반드시 지백을 위해 원수를 갚겠다."라고 하고는, 마침내 성명을 바꾸고 죄인이 되어 양자의 궁중에 들어가 화장실을 칠하고 있다가 비수를 끼고 양자를 찌르고자 하였다. 양자가 화장실에 가다가 마음이 이상하여 그곳을 수색하니, 곧 예양이었다. 양자는 의롭다고 여기고 그를 풀어주었다.

使AB : A에게 B하게 하다

何A之B : 어찌 A가 B한가?

又漆身爲癩하고 呑炭爲啞하여 使形狀不可知하고 伏於橋下러니 襄子至橋에 馬驚이어늘 曰 此必豫讓이라 問曰 子事范中行氏라가 智伯滅之에 不爲報讐하고 而反臣智伯이라가 智伯已死어늘 獨何報讐之深고 對曰 臣事范中行氏에 衆人遇我라 我故衆人報之오 智伯은 國士遇我라 我故國士[1]報之로라

예양이 또 몸에 옻칠을 하여 문둥이가 되고, 숯을 삼켜 벙어리가 되어 모습을 알 수 없게 하였다. 그리고 다리 아래에서 엎드려 있었는데, 양자가 다리에 이르러 말이 놀라자 "이곳에는 반드시 예양이 있을 것이다."라고 하였다. 〈예양을 찾아 붙잡고서〉 양자가 "그대는 범씨와 중항씨를 섬겼는데, 지백이 그들을 멸망시켰을 때 그들을 위해 원수를 갚지 않았고, 도리어 지백에게 신하가 되었다. 지백은 이미 죽었는데, 홀로 어찌 원수를 갚고자 하는 것이 이렇게 심한가?"라고 물으니, "제가 범씨와 중항씨를 섬겼을 때 보통 사람처럼 나를 대우하였으므로 나도 그래서 보통 사람처럼 그들에게 보답했으나, 지백은 국사로서 나를 대우하였으므로 나도 그래서 국사로 그에게 보답하려는 것입

1 國士 : 나라의 선비로, 뛰어난 사람.

癩 문둥병 라 呑 삼킬 탄 炭 숯 탄 啞 벙어리 아 遇 만날 우 ; 대접하다 赦 용서할 사

니다."라고 대답하였다.

뒷 이야기 양자가 "과인이 그대를 용서한 것이 또한 충분하였다. 그대는 스스로 계책을 세워라."라고 하니, 예양이 "저는 진실로 엎드려 죽을 것입니다. 그러나 그대의 옷을 청하여 그것을 쳐서 원수를 갚고자 하는 뜻을 이루고 싶습니다."라고 하였다. 양자가 옷을 가져다 그에게 주니, 마침내 칼을 뽑아 세 번 뛰어서 옷을 치고서 "이제 나는 지하에서 지백에게 알릴 수 있겠다."라고 하고는, 마침내 칼에 엎드려 죽었다. 《몽구蒙求》

성어용례

» 노중련魯仲連을 누가 고사高士라 하였던가? 예양도 일찍이 중인衆人 대접 감수했네. [魯連誰許爲高士① 豫讓曾甘似衆人]

이눌李安訥, 〈용전운봉사계곡장판서욕화견기지작用前韻奉謝谿谷張判書辱和見寄之作〉

① 魯連誰許爲高士 : 노중련은 전국시대 제齊나라의 고사高士로, 진秦나라를 황제의 나라로 섬길 바에는 차라리 동해에 빠져 죽겠다고 하였다.

83 季札掛劍[1]

계절 계 편지 찰 걸 괘 칼 검

계찰이 칼을 걸다

신의를 중요하게 여김

유 季札繫劍 季布一諾

반 食言而肥

不敢A : 감히 A하지 못하다

吳季札[2]은 吳王壽夢季子也라 初使北過徐[3]러니 徐君好季札劍이나 口不敢言이라 季札心知之나 爲使上國하여 未獻하고 還至徐에 徐君已死라 乃解其寶劍하여 懸徐君墓木而去라

오吳나라 계찰季札은 오나라 왕 수몽壽夢의 막내아들이다. 일찍이 북쪽으로 사신 가다가 서徐나라를 지나게 되었는데, 서나라 임금이 계찰의 칼을 좋아했으나 입으로 감히 말을 하지 못했다. 계찰은 마음속으로 그것을 알았지만, 상국上國으로 사신을 가기 때문에 바칠 수가 없었다. 돌아오다가 서나라에 이르니, 서나라 임금은 이미 죽고 없었다. 마침내 그 보검을 풀어 서나라 임금의 무덤 나무에 걸어두고 떠났다.

CV13399

1 《사기史記》〈오태백세가吳泰伯世家〉에는 이보다 상세히 기록되어 있다.

2 季札 : 춘추시대 사람으로, 공자찰公子札·연릉계자延陵季子·연주래계자延州來季子라고도 한다. 오왕吳王 수몽壽夢의 넷째 아들로, 왕으로 세우려고 했지만 사양했고, 장자인 제번諸樊이 양보하려고 하자 또 사양했다. 제번이 죽자 차남인 여제餘祭가 왕위에 올랐고, 여제가 죽은 뒤 삼남인 여매餘昧가 올랐다. 여매가 죽자 양위하려고 하였는데 피하여 받지 않아 여매의 아들 요僚가 즉위했다. 공자광公子光이 전제專諸를 시켜 요를 살해하고 스스로 왕위에 오르니, 이 사람이 바로 합려闔閭다.

3 初使北過徐 : 계찰이 사신 간 경로는 오吳→서徐(노나라 아래에 있던 나라)→노魯이다.

誰A乎 : 누구에게 A하는가?
豈A哉 : 어찌 A하겠는가?

從者曰 徐君已死어늘 尙誰予乎오 季子曰 不然하다 始吾心已許之[1]어니 豈以死倍吾心哉리오 札封於延陵이라 故號延陵季子라 新序[2]曰 徐人嘉而歌之曰 延陵季札兮여 不忘이라 故脫千金之劍兮여 帶丘墓로다

따르는 사람이 "서나라 임금은 이미 죽었는데, 오히려 누구에게 주는 것입니까?"라고 하니, 계찰이 "그렇지 않다. 처음 내가 마음속으로 이미 그것을 허락했는데, 어찌 죽었다고 내 마음을 배반할 수 있겠는가?"라고 하였다. 계찰은 연릉延陵 땅에 봉해졌기 때문에 '연릉계자延陵季子'라고 부른다. 《신서新序》에 "서나라 사람들은 그를 가상히 여겨 노래하기를 '연릉 계찰이여! 잊지 않았기 때문에 천금의 칼을 벗어 무덤가에 걸어두었네.'라고 했다."라고 되어 있다.

《몽구蒙求》

성어용례

» 연릉延陵 계찰은 서徐나라 임금의 무덤에 칼을 걸어두었고, 박망후博望侯는 뗏목 타고 은하수 올라갔네. [延陵掛劍徐君墓 博望乘槎銀漢風①]

홍언충洪彦忠, 〈중증사화부연경重贈士華赴燕京〉

① 博望乘槎銀漢風 : 박망博望는 한 무제漢武帝 때 박망후博望侯에 봉해진 장건張騫을 가리킨다. 무제의 명으로 황하의 근원을 찾으러 갔다가 뗏목을 타고 은하수銀河水에 이르러 견우와 직녀를 보고 돌아왔다고 한다.

1 吾心已許之 : 마음속에서 이미 허락한 것은 상황이 변해도 실행을 한다는 의미의 성어인 심허心許가 여기서 유래하였다.

2 新序 : 전한前漢의 유향劉向이 지은 책이다.

予 나 여 ; 주다　倍 곱 배 ; 배반하다　延 늘일 연　陵 언덕 릉　嘉 아름다울 가 ; 가상히 여기다
兮 어조사 혜　帶 띠 대 ; 두르다　丘 언덕 구 ; 무덤

84 刎頸之交

목을벨 문 목 경 어조사 지 사귈 교

목을 베어줄 수 있는 사귐

친구를 위해 죽을 수도 있는 아주 친한 사이

(유) 管鮑之交 金蘭之交 斷金之交 膠漆之交 莫逆之友 貧寒之交 杵臼之交 芝蘭之交 金石之交

(반) 市道之交 酒食兄弟

(앞 이야기) 진나라 소왕昭王은 사신을 보내어, 조나라 혜문왕惠文王에게 왕과 서하西河 밖 민지澠池에서 우호를 다지는 모임을 갖고 싶다고 알렸다. 조나라 왕은 진나라를 두려워하여 가지 않으려고 하니, 염파廉頗와 인상여藺相如가 드디어 진나라 왕과 민지에서 회합하였다.

旣罷歸國하여 以相如功大로 拜爲上卿하니 位在廉頗之右라 廉頗曰 我爲趙將하여 有攻城野戰之大功이로되 而藺相如는 徒以口舌爲勞而位居我上이오 且相如素賤人[1]이니 吾羞不忍爲之下라하고 宣言曰 我見相如면 必辱之하리라 相如聞하고 不肯與會하고 相如每朝時에 常稱病하고 不欲與廉

以A爲B
: A로써 B라고 여기다

1 且相如素賤人 : 《사기史記》 〈염파인상여열전廉頗藺相如列傳〉에 "인상여는 조나라 사람으로, 조나라의 내시의 우두머리인 목현의 집안일을 맡은 사람이었다.[藺相如者趙人也 爲趙宦者 令繆賢舍人]"라는 말이 있다.

CV13534

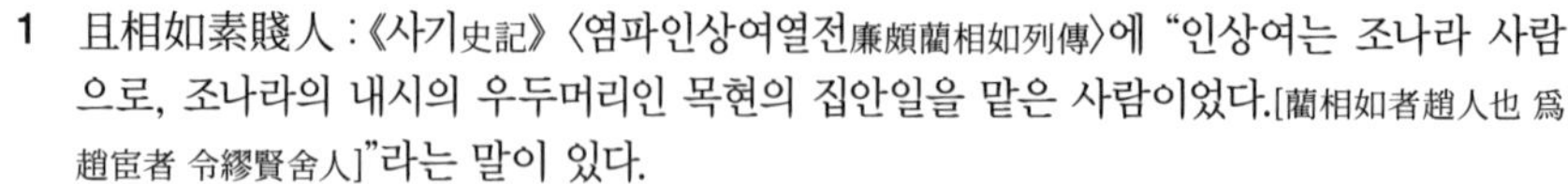
罷 마칠 파　拜 절 배 ; 벼슬을 주다　徒 무리 도 ; 다만　素 본디 소　羞 부끄러울 수
肯 즐길 긍 ; (=欲)~하려고 하다

頗爭列이라

조나라 왕은 회견을 마치고 귀국해서는, 인상여의 공이 크다고 생각하여 벼슬을 주어 상경上卿으로 삼았으니 지위가 염파보다 위에 있었다. 염파가 "나는 조나라 장수가 되어 성을 공격하고 들에서 싸운 큰 공이 있으나, 인상여는 다만 입과 혀만을 수고롭게 했을 뿐인데 지위가 내 위에 있다. 게다가 인상여는 본래 천한 사람이니, 나는 부끄러워 차마 그의 아래가 될 수 없다."라고 하고는 "내가 인상여를 보면 반드시 그를 욕보일 것이다."라고 선언하였다. 인상여는 이 말을 듣고서 염파와 마주치려 하지 않았다. 인상여는 조회 때마다 늘 병을 핑계대고 염파와 반열을 다투려고 하지 않았다.

已而相如出이라가 望見廉頗하고 相如引車避匿어늘 於是舍人[1]相與諫曰 臣所以去親戚而事君者는 徒慕君之高義也라 今君與廉頗同列이오 廉君宣惡言이로되 而君畏匿之하여 恐懼殊甚하니 且庸人尚羞之어든 況於將相乎아 臣等不肖나 請辭去니이다

A而 : A때에
所以A者 B也
 : A한 까닭은 B이다
況於A乎 : 하물며 A에서야?
請A : A하겠다

얼마 뒤에 인상여가 외출하였다가 염파를 멀리서 바라보고는 수레를 끌어서 몸을 숨겼다. 이에 인상여의 사인舍人들이 서로 함께 간하기를 "저희가 친척을 떠나서 그대를 섬기는 까닭은 다만 그대의 높은 의기를 사모하기 때문입니다. 지금 그대는 염파와 같은 서열인데 염파가 나쁜 말을 퍼뜨렸는데도 그대는 그가 두려워 숨으니, 두려워함이 너무 심합니다. 보통 사람도 오히려 부끄러워할 일인데, 하물며 장군과 재상의 지위에 있는 사람이야 말할 것이 있겠습니까? 저희는 어리석지만, 하직하고 떠나겠습니다."라고 했다.

1 舍人 : 집안의 잡무를 맡은 사람.

匿 숨길 닉　諫 간할 간　殊 다를 수 ; 특히　庸 떳떳할 용 ; 보통　辭 말씀 사 ; 작별하고 떠나다

A孰與B : A와 B 중에 누가 더 나은가?

藺相如固止之曰 公之視廉將軍컨대 孰與秦王고 曰 不若也니이다 相如曰 夫以秦王之威로도 而相如廷叱之하고 辱其群臣하니 相如雖駑나 獨畏廉將軍哉아 顧吾念之컨대 彊秦之所以不敢加兵於趙者는 徒以吾兩人在也라 今兩虎共鬪하면 其勢不俱生이니 吾所以爲此者는 以先國家之急하고 而後私讎也로라

A之所以B者 以C也 : A가 B한 까닭은 C 때문이다
所以A者 以B也 : A하는 까닭은 B 때문이다

인상여는 완강하게 그들을 만류하며 "그대들이 볼 때 염장군과 진나라 왕 중에 누가 더 낫다고 생각하는가?"라고 하니, "염장군이 진나라 왕만 못합니다."라고 하였다. 인상여가 "저 진나라 왕의 위엄으로도 내가 조정에서 그를 꾸짖어서 그 여러 신하들을 욕보였다. 내가 비록 노둔하나 유독 염장군을 두려워하겠는가? 가만히 내가 생각해보니, 강한 진나라가 감히 조나라를 공격하지 못하는 것은 다만 우리 두 사람이 있기 때문이다. 지금 두 마리 호랑이가 함께 싸우면, 그 형세상 둘 다 살 수 없다. 내가 이렇게 하는 까닭은 국가의 위급함을 먼저 생각하고 개인의 원한을 뒤로 생각하기 때문이다."라고 하였다.

廉頗聞之하고 肉袒負荊하고 因賓客하여 至藺相如門하여 謝罪曰 鄙賤之人이 不知將軍寬之至此也로라 卒相如驩하여 爲刎頸之交하라

염파는 그것을 듣고 웃옷을 벗고 가시를 지고서 손님을 통해 인상여의 문에 이르러 사죄하기를, "비천한 사람이 장군께서 이토록 관대하신 줄 몰랐습

叱 꾸짖을 질　駑 둔한 말 노　獨 홀로 독 ; 다만　讎 원수 수
袒 웃통을 벗을 단　荊 가시 형　鄙 더러울 비　驩 기뻐할 환

니다."라고 하였다. 마침내 인상여는 기뻐하면서 문경지교를 맺었다.

《사기史記》〈염파인상여열전廉頗藺相如列傳〉

성어용례

» 궁할 땐 서로 문경지교刎頸之交처럼 하다가 현달하면 버리니, 처음부터 끝까지 누가 옛정을 생각하려나? [窮相刎頸達卽棄 始末誰肯思情親]

이규보李奎報, 〈주필하고선생댁성겸서염찰명구지의走筆賀高先生宅成兼敍廉察命搆之意〉

85 季布一諾

계절 계 베 포 한번 일 허락할 락

계포의 한 번 허락

한 번 한 약속은 반드시 지킴, 틀림없는 승낙

유 季札繫劍 季札掛劍 男兒一言重千金 一諾千金

與AB : A와 B하다

楚人曹邱生은 辯士로 數招權顧金錢이라 事貴人趙同等하고 與竇長君[1]善이러니 季布[2]聞之하고 寄書諫竇長君曰 吾聞曹邱生은 非長者니 勿與通하소서 及曹邱生歸에 欲得書請季布한대 竇長君曰 季將軍不說(열)足下[3]하니 足下無往하라 固請書하여 遂行이라

초나라 사람 조구생曹邱生은 말을 잘하는 사람으로, 자주 권세가를 불러서 돈 버는 일에 마음을 쓰고 있었다. 귀인貴人 조동趙同 등을 섬기고, 두장군竇長君과 친했다. 계포가 그것을 듣고 두장군에게 편지를 보내어 간하기를 "제가 듣건대, 조구생은 덕이 많은 사람이 아니라고 하니, 그와 교제하지 마십시오."라고 하였다. 조구생이 돌아오자, 두장군의 편지를 얻어 계포를 만나고자

1 竇長君 : 두태후竇太后의 동생으로, 경제景帝의 외삼촌이다.

2 季布 : 초楚나라 사람으로 항우項羽의 밑에 무장으로 있으며, 한나라 유방劉邦을 누차 곤경에 빠뜨렸다. 항우가 멸망한 뒤에 유방이 현상금을 걸고 잡으려 하였으나, 이후 용서하였다. 효혜제孝惠帝 때 중랑장中郞將이 되었다.

3 足下 : 대등한 사람에 대한 경칭이며, 전국戰國 시대에는 제후에게도 썼다.

CV13404

顧 돌아볼 고 ; 마음을 쓰다 竇 구멍 두 善 착할 선 ; 친하다 諫 간할 간 請 청할 청

하였다. 두장군이 "계장군은 그대를 좋아하지 않으니, 그대는 가지 말라."라고 하였다. 그러나 굳이 편지를 청하여 마침내 갔다.

使人先發書하니 季布果大怒하여 待曹邱라 曹邱至하여 卽揖季布曰 楚人諺曰 得黃金百斤이 不如得季布一諾이라하니 足下何以得此聲於梁楚間哉아 且僕楚人이요 足下亦楚人也라

A不如B : A는 B만 못하다
何以A哉 : 어떻게 A한가?

사람을 시켜 먼저 편지를 발송하게 했는데, 계포는 과연 매우 노하여 조구생을 기다리고 있었다. 조구생이 도착해서는 바로 계포에게 읍하고 "초나라 속담에 '황금 백 근을 얻는 것이 계포의 한 마디 승낙을 얻는 것만 못하다'라고 하니, 그대께서는 양梁나라와 초나라 사이에서 어떻게 이러한 명성을 얻을 수 있었습니까? 또 저는 초나라 사람이고, 그대도 초나라 사람입니다.

僕游揚足下之名於天下면 顧不重邪아 何足下距僕之深也오하니 季布迺大說하여 引入留數月에 爲上客하고 厚送之라 季布名所以益聞者는 曹邱揚之也라

不A邪 : A하지 않겠는가?
所以A者B也 : A한 까닭은 B 때문이다

제가 천하에 그대의 명성을 칭찬하여 널리 퍼뜨린다면, 도리어 그대의 명성이 더 무거워지지 않겠습니까? 어찌 그대는 저를 심하게 거부하십니까?"라고 하니, 계포는 이에 매우 기뻐하며 맞이하여 들어가 몇 개월을 머물게 하고, 상객上客으로 삼아 후대하여 전송했다. 계포의 명성이 더욱 알려진 까닭은 조구생이 그의 명성을 널리 퍼뜨렸기 때문이다.

《사기史記》〈계포난포열전季布欒布列傳〉

揖 읍할 읍　諺 속담 언　斤 도끼 근 ; 근(중량단위)　僕 종 복　顧 돌아볼 고 ; 도리어
邪(=耶) 어조사 야　距 상거할 거 ; 거부하다　迺 이에 내　說 기뻐할 열

성어용례

» 봄이 오면 절을 찾자는 약속 진중하게 여기니, 그대들 한 번 승낙이 쌍금雙金에 견줄 줄 알겠네. [珍重春來蕭寺約 知君一諾比雙金]

홍여하洪汝河, 〈사이참봉중계래방謝李參奉仲季來訪〉

86 三人成虎

셋 삼 사람 인 이루어질 성 호랑이 호

세 사람이 호랑이를 만들다

거짓말이라도 여러 사람이 말하면 참말로 믿기 쉬움

유 三人成市虎 市有虎 市虎三傳
三人言而成虎 曾參殺人 十斫木無不顚

龐葱[1]이 與太子質於邯鄲이러니 謂魏王曰 今一人言市有虎면 王信之乎잇가 王曰 否라 二人言市有虎면 王信之乎잇가 王曰 寡人[2]疑之矣리라 三人言市有虎면 王信之乎잇가 王曰 寡人信之矣리라

謂A曰B : A에게 B라 말하다

방총龐葱이 태자太子와 조나라의 수도인 한단邯鄲에 볼모로 가게 되었을 때, 위魏나라 왕에게 "지금 한 사람이 시장에 호랑이가 나타났다고 한다면, 왕께서는 그 말을 믿으시겠습니까?"라고 하니, 왕이 "믿지 못하겠소."라고 하였다. "두 사람이 시장에 호랑이가 나타났다고 한다면, 왕께서는 그 말을 믿으시겠습니까?"라고 하니, 왕이 "과인은 그 말을 의심할 거요."라고 했다. "만약 세 사람이 시장에 호랑이가 나타났다고 한다면, 왕께서는 그 말을 믿으시겠습니까?"라고 하니, 왕이 "과인은 그 말을 믿을 것이오."라고 하였다.

1 龐葱 : 전국시대 위魏나라 혜왕惠王은 조趙나라와 강화를 맺고 그 증표로서 태자를 조나라에 볼모로 보내게 되었는데, 귀한 신분인 태자를 타국에 홀로 보낼 수는 없으므로 돌봐줄 후견인 한 사람을 붙여야 했다. 이때 발탁된 사람이 대신大臣 방총이었다.

2 寡人 : '덕이 적은 사람'인 '과덕지인寡德之人'의 준말.

龐 어지러울 방 葱 파 총 質 바탕 질 ; 볼모로 잡히다

CV13406

去AB : A와 거리가 B하다

龐葱曰 夫市之無虎明矣로되 然而三人言而成虎니이다 今邯鄲去大梁[1]也遠於市하고 而議臣者過於三人矣니 願王察之矣니이다 王曰 寡人自爲知하리라 於是辭行而讒言先至라 後太子罷質이나 果不得見이라

방총이 "무릇 시장에 호랑이가 없다는 것은 분명합니다. 그러나 세 사람이 말을 하면 없는 호랑이도 만들어집니다. 지금 한단과 대량大梁과의 거리는 시장보다 멉니다. 그리고 신을 비난하는 사람은 세 사람보다 많습니다. 원컨대 왕께서는 그것을 살피십시오."라고 하니, 왕이 "과인이 스스로 알아서 하겠다."라고 하였다. 이에 인사를 하고 떠나자, 참소하는 말이 먼저 이르렀다. 뒤에 태자는 인질이 끝나 돌아왔지만, 과연 방총은 볼 수가 없었다.

《전국책戰國策》〈위책魏策〉

성어용례

» 시장에 호랑이 나타났다 어지럽게 떠들어 대고, 식사에 고기 없다 급급해하는 세상. [紛紛市有虎 汲汲食無魚①] 이색李穡, 〈자영自詠〉

① 汲汲食無魚 : 전국시대 제齊나라 풍환馮驩이 맹상군孟嘗君의 식객이 되었을 때, 밥상에 고기반찬이 없자 장검의 칼자루를 두드리면서 "장검아 돌아가자! 밥상에 고기가 없다.[長鋏歸來乎 食無魚]"라고 하면서 불만을 토로했던 고사가 전한다.

1 大梁 : 위魏나라의 수도이다.

去 갈 거 ; 거리 議 의논할 의 ; 비난하다 辭 말씀 사 ; 작별하고 떠나다 讒 참소할 참
罷 마칠 파 ; 그치다

87 曾參殺人

일찍증 셋삼 죽일살 사람인

증삼이 사람을 죽이다

거짓말도 되풀이해서 들으면 믿게 됨

㊒ 三人成市虎 市有虎 市虎三傳
三人言而成虎 三人成虎 十斫木無不顚

昔者에 曾子[1]處費러니 費人有與曾子同名族者而殺人이어늘 人告曾子母曰 曾參殺人이라하니 曾子之母曰 吾子不殺人이라하고 織自若[2]이라 有頃焉에 人又曰 曾參殺人이라하니 其母尙織自若也라

A者 : A 때에
- 昔者 : '시간+者'일 경우 '者'는 시간을 나타내는 의미로만 쓰인다.

옛날 증자曾子가 노魯나라의 비費라는 곳에 살았다. 비 땅 사람 중에 증자와 이름과 성이 같은 사람이 있었다. 그런데 그가 살인을 하자, 어떤 사람이 증자의 어머니에게 "증삼이 사람을 죽였습니다."라고 알리니, 증자의 어머니가 "우리 아들은 사람을 죽이지 않습니다."라고 하고는 태연히 짜고 있던 베를 계속 짰다. 잠시 뒤에 어떤 사람이 또 "증삼이 사람을 죽였습니다."라고 하니, 증자의 어머니는 여전히 미동도 않고 베를 짰다.

1 曾子 : 공자의 제자인 증삼曾參으로, 증점曾點의 아들이며 자는 자여子輿이다. 공자의 사상을 이어받아 공자의 손자 자사子思에게 전하였고, 자사는 맹자孟子에게 그 도를 전하였다. 그는 공자의 고제高弟로서 효심孝心이 두텁고, 내성궁행內省躬行에 힘썼다.

2 自若 : '태연자약泰然自若'과 같다.

費 쓸비 織 짤직 頃 잠깐경

CV13407

A之 : A가 지나서

頃之에 一人又告之曰 曾參殺人이라하니 其母懼하여 投杼踰牆而走하니 夫以曾參之賢與母之信也로도 而三人疑之하면 則慈母不能信也라

얼마의 시간이 지나, 한 사람이 또 "증삼이 사람을 죽였습니다."라고 알리자, 증자의 어머니는 두려워서 북을 던지고 담장을 넘어서 달아났다. 무릇 증자의 어짊과 어머니의 신뢰로도 세 사람이 그를 의심하게 하면, 자애로운 어머니조차도 아들을 믿을 수 없었던 것이다. 《전국책戰國策》〈진책秦策〉

성어용례

» 사람들의 귀를 어지럽혀서, 거짓말이 세 번에 이르자 자애로운 어머니가 북을 던지고 달아나는 것과 같은 상황을 만들고자 하였습니다. [以惑人聽 必欲使慈母投杼於三至]

이정구李廷龜, 〈예부정문禮部呈文〉

[그림 26] 증자曾子

杼 북 저　踰 넘을 유　牆 담 장

7부

사욕私慾
위정爲政
배려配慮
겸손謙遜
고통苦痛
아집我執

88 酒池肉林

술주 연못지 고기육 숲림

술 연못과 고기 숲

지나치게 사치스럽고 방탕한 생활, 화려한 잔치

유 肉山脯林

以爲A : A라고 여기다
使AB : A에게 B하게 하다

帝紂資辨捷疾하고 聞見甚敏하며 材力過人하여 手格猛獸오 知足以距諫하고 言足以飾非하며 矜人臣以能하고 高天下以聲하여 以爲皆出己之下라 好酒淫樂하고 嬖於婦人이라 愛妲己[1]하여 妲己之言是從이라 於是使師涓作新淫聲北里之舞와 靡靡之樂하니라

은殷나라 주왕紂王은 자질이 말을 잘하였고 성취가 빨랐으며, 보고 들은 것을 깨우침이 매우 민첩했다. 재능과 힘이 보통 사람보다 뛰어나서 맨손으로 맹수를 잡았다. 지혜는 간언을 거절할 만하였고, 말재주는 잘못을 꾸밀 만하였다. 백성들과 신하들에게 재능을 자랑하여 천하에 명성을 드높였으며, 모든 사람들이 자기보다 못하다고 생각하였다. 술을 좋아하고 음악에 지나치게 빠졌으며 여자를 좋아하였다. 달기妲己를 사랑하여 달기의 말은 모두 따랐다.

1 妲己 : 은나라 주왕紂王의 총비寵妃로, 주왕이 유소씨有巢氏를 정벌하려 하자 유소씨가 달기를 바쳤는데 미모가 뛰어나 그녀의 말이라면 다 들어주었다. 기己가 성씨고, 이름이 달妲이다. 주周나라 무왕武王에게 쫓겨나게 되자, 스스로 목숨을 끊었다. 또는 살해 당했다고도 한다.

CV13408

紂 주임금 주　辨(=辯) 말을 잘할 변　捷 빠를 첩　疾 병 질 ; 빠르다　敏 민첩할 민
格 격식 격 ; 겨루다, 치다　矜 자랑할 긍　嬖 사랑할 폐　妲 여자의 자 달　涓 시내 연
靡 쓰러질 미

이에 악사 연涓에게 새로 음란한 노래인 〈북리지무北里之舞〉와 〈미미지악靡靡之樂〉을 만들게 하였다.

厚賦稅하여 以實鹿臺之錢하고 而盈鉅橋之粟하며 益收狗馬奇物하여 充仞宮室하고 益廣沙丘苑臺[1]하여 多取野獸蜚鳥하여 置其中하고 慢於鬼神이라 大聚樂戲於沙丘호대 以酒爲池하고 縣肉爲林하며 使男女로 裸相逐其間하여 爲長夜之飮이라 百姓怨望하고 而諸侯有畔者하니 於是紂乃重刑辟하여 有炮烙之法[2]이라

以A爲B : A로 B를 만들다

세금을 늘려 녹대鹿臺를 돈으로 채웠으며, 거교鉅橋를 곡식으로 가득 채웠다. 개와 말, 기이한 물건들을 더욱 거둬들여서 궁전을 가득 채웠다. 사구沙丘의 정원과 누대를 더욱 넓히더니, 들짐승과 나는 새를 많이 잡아서 그 가운데에 풀어놓았고, 귀신도 업신여겼다. 많은 무리가 사구에서 즐기며 놀았는데, 술로 연못을 만들고 고기를 매달아 숲을 만들었으며, 남녀로 하여금 알몸으로 그 사이에서 서로 쫓아다니게 하고, 밤새도록 술을 마셨다. 백성들이 원망을 하고 제후들 중에 배반하는 자가 생기자, 이에 주왕은 마침내 형벌을 무겁게 하여 포락炮烙의 벌이 생겨났다. 《사기史記》〈은본기殷本紀〉

성어용례

» 주지육림酒池肉林 그 자리에 곡식들이 패어나고, 쓸쓸히 들바람 일고 찬비도 뚝뚝 내린다네. [脯林酒池萩莨秀 野風蕭蕭寒雨溜] 윤휴尹鑴, 〈과은허가맥수過殷墟歌麥秀〉

1 苑臺 : 원苑은 금수를 기르는 곳이니, 원대苑臺는 원유苑囿와 고대高臺이다.

2 炮烙之法 : 포락지형炮烙之刑과 같은 말로, 은나라 주왕 때의 잔인한 형벌이다. 기름을 바른 구리 기둥을 숯불 위에 걸쳐 달군 후, 그 위로 죄인을 맨발로 건너가게 하였다.

賦 세금 부 盈 찰 영 鉅 클 거 仞 길 인 ; 차다 苑 나라 동산 원 蜚 바퀴 비 ; 날다
慢 거만할 만 ; 업신여기다 聚 모을 취 ; 무리 縣 고을 현 ; (=懸)매달다 裸 벌거벗을 라
畔 밭두둑 반 ; 배반하다 辟 임금 벽 ; 형벌 炮 통째로 구울 포 烙 지질 락

89 苛政猛於虎

가혹할 가 정치 정 사나울 맹 어조사 어 호랑이 호

가혹한 정치는 호랑이보다 사납다

가혹한 정치의 폐해

㊌ 苛斂誅求

似A : 마치 A인 듯하다
A者 : A 때에

何爲A也
: 무엇 때문에 A하는가?
A於B : B보다 더 A하다

孔子過泰山側할새 有婦人哭於墓者而哀어늘 夫子[1]式而聽之하고 使子路[2]問之曰 子之哭也에 壹似重有憂者로다 而曰 然하이다 昔者에 吾舅死於虎하고 吾夫又死焉하고 今吾子又死焉이어늘 夫子曰 何爲不去也오 曰 無苛政이니이다 夫子曰 小子[3]야 識之하라 苛政이 猛於虎也니라

공자孔子가 태산泰山의 곁을 지날 때, 어떤 부인이 묘지에서 통곡을 하는데 슬퍼보였다. 공자가 예를 표하고 그것을 듣다가 자로子路를 시켜 "그대의 통곡은 한결같이 몹시 근심이 있는 것 같소이다."라고 묻게 하니, "그러합니다. 예전에 나의 시아버지가 호랑이에게 죽고, 나의 남편도 호랑이에게 죽고, 이제 나의 아들도 호랑이에게 죽었습니다."라고 하였다. 공자가 "어찌하여 떠나

---

1 夫子 : 선생님.

2 子路 : B.C.543~B.C.480. 성은 중仲, 이름은 유由, 계로季路로도 불렸다. 공자孔子의 제자로, 공자보다 9년 연하여서 제자 가운데는 가장 연장자였다. 적군의 칼에 갓끈이 끊어지자 "군자君子는 죽더라도 관은 벗지 않는다."라고 하면서 갓끈을 다시 매고는 죽었다.

3 小子 : 제자나 손아랫사람을 사랑스럽게 일컫는 말.

CV13410

側 곁 측 哭 울 곡 墓 무덤 묘 式 법 식 ; 절하다 壹 한 일 ; 한가지로, 모두
舅 시아버지 구 識 적을 지 ; 기억하다

지 않았습니까?"라고 하니, "그래도 여기에는 가혹한 정치는 없습니다."라고 하였다. 공자가 "제자들아! 이것을 기억해라. 가혹한 정치는 호랑이보다 사납다."라고 하였다. 《예기禮記》〈단궁 하檀弓下〉

성어용례

» 다만 호랑이보다 사나운 정사 만나지만 않는다면, 고을 백성은 원래 한 무리의 신선일 것이다. [但自不逢苛政虎 州民元是一群仙]

이곡李穀, 〈차강릉객사동헌시운次江陵客舍東軒詩韻〉

» 근래에는 관직에 있는 자들이, 백성 보기를 옛날과 같지 않게 하네. 금법이 느슨하면 연못에 물고기를 몰아주는데, 정치가 가혹하니 산의 호랑이보다 두렵다네. [爾來居官者 視民不如古 禁弛毆淵魚① 政苛畏山虎] 한장석韓章錫, 〈유철령踰鐵嶺〉

① 禁弛毆淵魚 : 인정을 베풀면 물고기가 수달을 피해서 깊은 연못으로 모여들 듯이 인자仁者에게 모여든다는 말이다. 《맹자》〈이루 상離婁上〉에 "백성이 인자에게 돌아감은 물이 아래로 내려가며 짐승이 들로 달아나는 것과 같다. 그러므로 연못을 위하여 물고기를 몰아주는 것은 수달이요, 나무숲을 위하여 참새를 몰아주는 것은 새매요, 탕과 무를 위하여 백성을 몰아준 자는 걸과 주이다.[民之歸仁也 猶水之就下 獸之走壙也 故爲淵毆魚者 獺也 爲叢毆爵者 鸇也 爲湯武毆民者 桀與紂也]"라고 하였다.

[그림 27] 공자孔子

[그림 28] 자로子路

90 指鹿爲馬

가리킬 지 사슴 록 할 위 말 마

사슴을 가리켜 말이라고 하다

사실이 아닌 것을 사실로 만들어 강압으로 인정하게 함, 윗사람을 농락하여 권세를 마음대로 함

유 以鹿爲馬

A邪 : A인가?
或A或B : 어떤이는 A하고 어떤이는 B하다

中丞相趙高[1]가 欲專秦權이나 恐群臣不聽하여 乃先設驗하여 持鹿獻於二世曰 馬也니이다 二世笑曰 丞相誤邪아 指鹿爲馬온여 問左右한대 或黙或言이라 高陰中諸言鹿者以法하니 後群臣皆畏高하여 莫敢言其過러라

중승상中丞相 조고趙高는 진秦나라의 권세를 마음대로 하고 싶었으나, 여러 신하들이 따르지 않을까 걱정했다. 이에 먼저 시험을 해보았다. 사슴을 가지고 와서 2세 황제에게 바치면서 "말입니다."라고 하니, 2세 황제가 웃으면서 "승상이 잘못 아신 것 아닙니까? 사슴을 가리켜 말이라 하다니요."라고 했다. 좌우 신하들에게 묻자, 어떤 사람은 입을 다물고 어떤 사람은 말을 했다. 조고는 몰래 사슴이라고 말한 사람들을 법으로써 벌을 주었다. 그 뒤 신하들은

1 趙高 : ?~B.C.207. 선조는 조趙나라 귀족이었는데, 부모가 죄를 져서 진秦나라 궁궐에 들어와 환관이 되었다. 시황제를 따라 여행하던 중 시황제가 평대平臺에서 병사하자, 승상 이사李斯와 짜고 조서詔書를 거짓으로 꾸며, 시황제의 맏아들 부소扶蘇와 장군 몽염蒙恬을 자결하게 만들었다. 그리고 막내아들 호해胡亥를 2세 황제로 삼아 마음대로 조종했다.

CV13420

權 권세 권 聽 들을 청 或 혹시 혹 ; 어떤 사람 驗 시험 험 黙 묵묵할 묵 ; 입을 다물다
陰 그늘 음 ; 몰래

모두 조고를 두려워하여 감히 그의 잘못을 말하는 자가 없었다.

《십팔사략十八史略》 권2 〈진秦 이세황제二世皇帝〉

성어용례

» 훈부熏腐가 공공연히 사슴을 말이라 하였으니, 포어鮑魚가 어찌 바다 속에 숨을 수 있었으랴? [熏腐①公然指爲馬 鮑魚②那得海中潛]

이색李穡, 〈류항견화유주험지어용기운부록시柳巷見和有走險之語用其韻賦鹿詩〉

① 熏腐 : 남성의 음부陰部를 자르는 형벌로, 전하여 환관宦官을 가리킨다.

② 鮑魚 : 포어鮑魚는 소금에 절인 어물을 가리킨다. 진 시황秦始皇이 말년에 순유巡游를 나갔다가 평원진平原津에 이르러 병이 나서 마침내 무더운 7월에 사구沙丘의 평대平臺에서 죽자, 조고와 호해胡亥가 진시황의 죽음을 극비리에 숨겨 발설하지 않고, 그 시신을 온거輼車에 싣고 장안長安으로 가던 도중, 포어 1석石을 온거에 함께 실어서 시신에서 나는 악취를 숨겨 다른 사람이 얼른 알아차리지 못하게 했던 데서 온 말이다.

» 궁문의 쇠 비석 사라지고 없으니, 어찌 지록위마가 진나라를 그르친 정도겠는가. [宮門鐵碑去不存 奚翅鹿馬誤嬴秦]

김윤식金允植, 〈대고연가代古硯歌〉

91 擧案齊眉

들 거 밥상 안 가지런할 제 눈썹 미

밥상을 들어 눈썹과 가지런히 하다

남편을 깍듯이 공경함

유 鴻案 鴻案相莊 敬待如賓

반 惡婦破家

無不A : A하지 않음이 없다
絶不A : 전혀 A하지 않다

梁鴻[1]字伯鸞이니 扶風平陵人也라 …… 後受業太學[2]호대 家貧而尙節介하고 博學無不通이라 …… 鄕里勢家慕其高節하여 多欲女之로되 鴻竝絶不[3]娶라 同縣孟氏有女하니 肥醜而黑하고 力擧石臼라 擇對不嫁하여 至年三十하니 父母問其故한대 曰 欲得賢如梁伯鸞者라

양홍梁鴻의 자는 백란伯鸞으로, 부풍扶風 평릉平陵 사람이다. …… 뒤에 태학太

1 梁鴻 : 후한後漢 초기 맹광孟光을 아내로 삼아 패릉산霸陵山에 들어가 농사를 지으면서 시문 창작을 낙으로 삼아 살았다. 관리들의 사치와 방탕을 풍자한 〈오희가五噫歌〉를 지었는데, 장제章帝가 사람을 보내 체포하려고 하자 제로齊魯로 달아난 뒤 오吳에 이르러 남의 집에서 품팔이를 하며 살았다. 문을 걸어 잠그고 저서에 전념하다가 병에 걸려 죽었다.

2 太學 : 서주西周시대부터 존재했던 중국 고대의 대학으로 당唐나라와 송宋나라 때에는 국자학國子學과 병존하였다.

3 絶不 : 부정사 앞에 놓이면 '결코 ~이 아니다'라고 쓰인다.

CV13411

鴻 기러기 홍　鸞 난새 란　陵 언덕 릉　介 낄 개 ; 절개　女 여자 녀 ; 시집보내다
竝 나란히 병 ; 결코　娶 중매들 서 ; 장가들 취　肥 살찔 비　醜 추할 추 ; 못생기다　臼 절구 구
擇 가릴 택　嫁 시집갈 가

學에서 수업했다. 집이 가난하였으나 절개를 숭상하였고, 널리 배워 통하지 않은 것이 없었다. …… 마을의 권세가 중에서 그의 고상한 절개를 사모하여 그에게 딸을 시집보내려는 사람이 많았으나, 양홍은 결코 장가들려고 하지 않았다. 같은 마을에 맹씨孟氏 성을 가진 여자가 있었는데, 몸이 뚱뚱하고 얼굴이 못생긴데다가 피부는 검었으며 힘은 돌절구를 들 수 있을 정도였다. 짝을 가려 시집을 가지 않아 나이 서른에 이르자, 그 부모가 그 까닭을 물어보았다. 그러자 "양백란과 같은 어진 사람을 얻고 싶어서입니다."라고 대답하였다.

鴻聞而聘之라 …… 遂至吳하여 依大家皐伯通하여 居廡下하며 爲人賃舂하고 每歸에 妻爲具食하되 不敢於鴻前仰視하고 擧案齊眉어늘 伯通察而異之曰 彼傭能使其妻敬之如此하니 非凡人也라하고 乃方舍之於家하니라

양홍이 그것을 듣고 그녀에게 장가들었다. …… 마침내 〈시를 지어 정부를 비판하다 쫓겨〉 오吳에 이르러 대가 고백통皐伯通에게 의지해 처마 아래에 살며 다른 사람에게 고용되어 방아를 찧었다. 돌아올 때마다 아내는 음식을 갖추어두고 감히 양홍의 앞에서 쳐다보지 않았으며, 밥상을 들어 눈썹과 나란히 하였다. 백통이 살펴보고는 그것을 이상히 여기고는 "저 품팔이꾼이 그 아내를 이처럼 공경하게 하니, 보통 사람이 아니다."라고 하고는 마침내 바로 그를 집에 들였다.

《후한서後漢書》〈일민전逸民傳〉

성어용례

» 집안에 현부인이 있는 줄 진작 알았기에, 감사하단 말 대신에 새 오이 따서 보낸다네. [夙知內有齊眉敬 爲摘新瓜替致辭]

정약용丁若鏞, 〈개보궤매실죽순이산전신과사지皆甫餽梅實竹筍以山田新瓜謝之〉

聘 부를 빙 ; 예의를 갖추어 장가들다　皐 언덕 고　廡 집 무 ; 처마　賃 품팔 임　舂 찧을 용
傭 품팔이꾼 용 ; 고용인　凡 무릇 범 ; 보통　舍 집 사 ; 머무르다

92 糟糠之妻[1]

지게미 조 쌀겨 강 어조사 지 아내 처

술지게미와 쌀겨를 함께 먹던 아내

곤궁할 때부터 어려움을 함께 겪은 부인

後漢宋弘은 字仲子이니 京兆[2]長安人이라 光武卽位에 爲大司空[3]이라 時帝姊湖陽公主新寡하여 帝與共論朝臣하여 微觀其意하니 主曰 宋公威容德器를 群臣莫及이니이다 帝曰 方且圖之하리라

후한後漢 송홍宋弘은 자는 중자仲子이며, 경조京兆 장안長安 사람이다. 광무제光武帝가 즉위하자 대사공大司空이 되었다. 당시 황제의 누이 호양공주湖陽公主가 막 과부가 되었는데, 황제는 함께 조정의 신하들에 대해 논의하며 그녀의 뜻을 은밀하게 관찰하였다. 공주가 "송공宋公은 위엄 있는 용모에다 덕성과 도량이 있어 여러 신하들이 미칠 수 없습니다."라고 하니, 황제가 "이제 장차 그를 시험해보자."라고 하였다.

---

1 《후한서後漢書》 〈송홍전宋弘傳〉에도 비슷한 내용이 실려 있다.

2 京兆 : 장안長安 일대를 관할하던 행정구역으로, 한漢나라 무제武帝가 처음 설치하고 그 우두머리로서 경조윤京兆尹을 둔 이래, 수隋·당唐·송宋·금金의 시대를 거쳐 원元의 초기에 이르기까지 지속되었다.

3 大司空 : 공조판서工曹判書로, 토목土木 공사工事를 관장했으며, 한대漢代에는 대사마大司馬·대사도大司徒와 더불어 삼공三公의 하나였다.

CV13413

微 작을 미 ; 은밀하다 器 그릇 기 ; 도량 方 모 방 ; 이제 圖 그림 도 ; 꾀하다

後引見에 帝令主坐屛風後하고 因謂弘曰 諺言貴易交하고 富易妻라하니 人情乎아 弘曰 吾聞貧賤之交不可忘이요 糟糠之妻不下堂[1]이니이다 帝顧謂主曰 事不諧矣로다 弘은 所得租奉을 分贍九族[2]하여 家無資産하니 以淸行致稱이라 所推進賢士桓梁三十餘人이 或相及爲公卿者라

令AB : A에게 B하게 하다
謂A曰B : A에게 B라 말하다

후에 송홍을 불러다 볼 때, 황제는 공주로 하여금 병풍 뒤에 앉아 있게 했다. 그리고서 송홍에게 "속담에 '귀해지면 사귐을 바꾸고, 부해지면 아내를 바꾼다'고 하는데, 이런 것이 사람의 정인가?"라고 하니, 송홍이 "저는 '가난하고 천했을 때의 사귐은 잊어서는 안 되고, 술지게미와 쌀겨를 함께 먹던 아내는 마루에서 내려오게 해서는 안 된다'고 들었습니다."라고 하였다. 황제가 공주를 돌아보며 "일이 이루어지지 않겠다."라고 했다. 송홍은 얻은 봉급을 9족에게 나누어 진휼하여 집에 재산이 없어 청렴한 행동으로 칭송을 받았다. 송홍이 추천하여 벼슬자리에 나아간 어진 선비는 환담桓譚·왕량王梁 등 30여 명인데, 어떤 사람은 재상宰相이 되고 공경公卿이 되었다. 《몽구蒙求》

성어용례

» 조강지처糟糠之妻는 내쫓지 않는 법이니, 머리 셀 때까지 원앙처럼 사랑하며 함께 사노라. [堂前不肯下糟妻 頭白鴛鴦愛竝棲]

박세당朴世堂, 〈약천서유등도지유희작藥泉書有登徒之喩戱作〉

1 下堂 : '마루에서 내려온다'는 것은 집에서 쫓아내는 것을 말한다.

2 九族 : 고조高祖, 증조曾祖, 조부祖父, 부친父親, 자기自己, 자식子息, 손자孫子, 증손曾孫, 현손玄孫.

屛 병풍 병　諺 언문 언 ; 속담　諧 화할 해 ; 이루다　租 조세 조 ; 세금　奉(=俸) 녹봉 봉
贍 넉넉할 섬 ; 진휼하다　資 재물 자　稱 일컬을 칭　桓 굳셀 환　卿 벼슬 경

93 斷腸

끊을 단 창자 장

창자가 끊어지다

견딜 수 없이 심한 슬픔이나 괴로움

㊒ 九回之腸 斷魂

桓公[1]入蜀하여 至三峽[2]中이러니 部伍[3]中有得猿子者어늘 其母緣岸哀號호대 行百餘里不去하고 遂跳上船하여 至便卽絶이라 破視其腹中하니 腸皆寸寸斷이라 公聞之하고 怒命黜其人이라

환공桓公이 촉蜀으로 들어가서 삼협三峽에 도달하였는데, 무리 중에 원숭이의 새끼를 포획한 사람이 있었다. 그 어미가 언덕을 따라가며 슬프게 울부짖었는데, 배가 백여 리를 가도 떠나지 않았다. 마침내 배 위로 뛰어올랐는데, 도달하자마자 곧 숨이 끊어졌다. 그 배 속을 갈라서 보니, 창자가 모두 토막토막 끊어져 있었다. 환공은 이 말을 듣고, 화를 내며 그 사람을 내쫓게 하였다.

《세설신어世說新語》〈출면편黜免篇〉

1 桓公 : 312~373. 동진東晉의 환온桓溫으로, 군대를 이끌고 촉蜀나라를 정벌하고, 다음해 성한成漢을 멸망시켰다. 몰래 황위를 찬탈하려고 하다가 뜻을 이루지 못하고 병들어 죽었다.

2 三峽 : 양자강揚子江에 있는 세 개의 협곡이다.

3 部伍 : 군진軍陣의 대오隊伍.

CV13415

蜀 나라 이름 촉　峽 골짜기 협　伍 다섯 사람 오　猿 원숭이 원　緣 인연 연 ; 따르다
岸 언덕 안　號 이름 호 ; 울부짖다　跳 뛸 도　黜 내칠 출 ; 물리치다

94 漱石枕流[1]

양치질할 수 돌 석 베게 침 흐를 류

돌로 양치질하고 흐르는 물을 베개 삼다

말을 잘못해 놓고 그럴 듯하게 꾸며댐, 이기려는 고집이 셈

유 推舟於陸 牽强附會 我田引水

孫楚字子荊이니 太原中都人이라 才藻卓絶하고 爽邁不群이나 多所陵傲하여 缺鄕曲之譽라 年四十餘에 始參鎭東軍事하고 終馮翊太守라

서진西晉시대 손초孫楚의 자는 자형子荊이고, 태원太原 중도中都 사람이다. 글재주가 아주 뛰어났고 기상이 시원하고 고매하여 견줄만한 사람이 없었으나, 남을 업신여기고 오만한 것이 많아 마을에서의 명성에 누가 되었다. 나이 마흔 남짓에 비로소 진동군사鎭東軍事에 참여하였다가 풍익태수馮翊太守로 벼슬을 마쳤다.

初楚少時에 欲隱居하여 謂王濟曰 當欲枕石漱流호대 誤云漱石枕流라하니 濟曰 流非可枕이요 石非可漱라 楚曰 所以枕流는 欲洗其耳요 所以漱石은 欲厲其齒라

謂A曰B : A에게 B라 말하다
所以A : A하는 것(까닭)은

1 《진서晉書》〈손초열전孫楚列傳〉에는 이보다 상세히 기록되어 있다.

荊 가시나무 형 藻 마름 조 ; 화려한 문사(文辭) 卓 높을 탁 ; 뛰어나다 爽 시원할 상
邁 갈 매 ; 초월하다 陵 언덕 릉 ; 업신여기다 傲 거만할 오 缺 이지러질 결 ; 모자라다
曲 굽을 곡 ; 마을 譽 기릴 예 ; 명예 鎭 진압할 진 馮 성씨 풍 翊 도울 익 厲 갈 려

CV13424

일찍이 손초가 젊었을 때, 은거하고 싶어서 왕제王濟에게 "마땅히 돌을 베개 삼고 물로 양치질하고 싶다."라고 해야 하는데, 잘못해서 "돌로 양치질하고 물을 베고 싶다."라고 하니, 왕제가 "물은 베개로 삼을 수 없고, 돌은 양치질할 수 없다."라고 하였다. 그러자 손초가 "물을 베고 싶다는 것은 그 귀를 씻고자 함이고, 돌로 양치질하고 싶다는 것은 그 이를 갈기 위해서다."라고 하였다.

《몽구蒙求》

95 兄弟投金

형형 아우제 던질투 금(金)금

형과 동생이 금을 던지다

형제간의 우애가 돈독함

㊤ 手足之愛 手足之情 兩鳳齊飛 如足如手 宜兄宜弟 兄友弟恭

㊥ 煮豆燃豆 蕭墻之患

高麗恭愍王時에 有民兄弟偕行이라가 弟得黃金二錠하여 以其一與兄하고 至陽川江하여 同舟而濟에 弟忽投金於水어늘 兄怪而問之하니 答曰 吾平日에 愛兄甚篤이러니 今而分金에 忽萌忌兄之心이라 此乃不祥之物也니 不若投諸江而忘之니이다 兄曰 汝言이 誠是로다하고 亦投金於水라

至A : A에 이르러
A而 : A때에
A不若B : A는 B만 못하다

고려高麗 공민왕恭愍王 때에 어떤 백성 형제가 함께 길을 가다가 동생이 황금 두 덩이를 얻어 그 하나를 형에게 주었다. 양천강陽川江에 이르러, 배를 함께 타고 건너는데 동생이 갑자기 물속으로 황금을 던져 버렸다. 형이 이상하게 여기면서 이유를 물으니, "내가 평소에 형님을 매우 돈독하게 사랑하였는데, 지금 황금을 나누면서 갑자기 형님을 꺼리는 마음이 싹트게 되었습니다. 이것은 바로 상서롭지 못한 물건이니, 강에 그것을 던져서 잊어버리는 것만 못합니다."라고 하니, 형이 "너의 말이 정말로 옳다."라고 하고, 또한 물속에 던져 버렸다.

고려사절요《高麗史節要》 공민왕恭愍王 16년

愍 근심할 민 偕 함께 해 錠 덩이 정 與 더불 여 ; 주다 忽 갑자기 홀 篤 도타울 독 萌 싹 맹 ; 싹트다 諸(=之+於) 어조사 저 是 옳을 시

CV13416

96 見金如石

볼견 황금금 같을여 돌석

황금을 보기를 돌같이 하다

욕심을 절제함, 대의를 위해서 부귀영화를 돌보지 않음

纔A而已 : 겨우 A할 뿐이다

崔鐵城瑩[1]이 少時에 其父常戒之曰 見金如石하라 瑩常以四字를 書諸紳하여 終身服膺[2]而勿失이라 雖秉國政하여 威行中外나 而一毫不取於人家하여 纔足食而已라

철성부원군鐵城府院君 최영崔瑩이 어릴 적에, 그의 아버지 최원직崔元直이 늘 "황금을 보기를 돌같이 하라."라고 경계하였다. 최영은 항상 이 네 글자를 허리띠에 써서 종신토록 지니고 다니면서 잊지 않았다. 비록 나라의 정권을 잡아 위엄이 중외에 떨쳤으나, 하나의 터럭만큼도 남의 것을 취하지 아니하여 겨우 먹고 사는 데 족할 따름이었다.

---

1 崔鐵城瑩 : 1316~1388. 최영崔瑩은 본관은 동주東州이고, 시호는 무민武愍이다. 1376년(우왕2) 왜구의 침략 때, 군대를 이끌고 논산군 연산의 개태사開泰寺로 올라오는 왜구를 홍산鴻山에서 크게 무찔러 철원부원군鐵原府院君(=철성부원군鐵城府院君)에 봉작되었으며, 여러 번 왜구와 홍건적을 격퇴하고 안사공신安社功臣에 책록되었다. 이성계와 대립하다가 위화도 회군 이후 이성계의 반군에 의해 피살되었다. 우왕은 그의 서녀 영비 최씨를 자신의 후궁으로 삼았고, 손녀사위는 조선 초기에 좌의정을 역임한 재상 맹사성孟思誠이다. 최영의 묘는 풀이 돋지 않는 것으로 유명했는데, 이에 적분赤墳이라고 불렸다.

2 服膺 : 잘 지켜 잠시도 잊지 않는다는 뜻이다. 《중용中庸》에서 공자가 안회顔回를 평하여 "중용의 도를 택하여 하나의 선함을 얻으면 가슴에 깊이 새겨두고 잃지 않는다.[擇乎中庸 得一善則拳拳服膺而弗失之矣]"라고 하였다.

CV13417

崔 성씨 최 瑩 밝을 영 紳 큰 띠 신 膺 가슴 응 秉 잡을 병 纔 재주 재 ; 겨우

當時宰樞[1]相邀迓하여 以棋局消日하며 爭設珍饌하여 以務豪侈로되 公獨邀客하여 過午不設饌이라가 日暮에 糅黍稻炊飯하고 兼陳雜菜하니 諸客枵腸하여 盡啖菜飯曰 鐵城之飯甚甘也로다 公笑曰 此亦用兵之謀也니라

당시의 재상들은 서로 초대하여 바둑으로 나날을 보내면서 다투어 성대한 음식을 차려 호사함에 힘썼으나, 최영만은 손님을 초대하여 한낮이 지나도록 음식을 내놓지 않다가 날이 저물어서야 기장과 쌀을 섞어서 지은 밥에다 잡다한 나물을 차렸지만, 손님들은 배고픈 참이라 나물밥이라도 다 먹고는, "철성부원군 집 밥이 아주 달다."라고 하니, 공은 웃으며, "이것도 용병하는 술수요."라고 하였다.

《용재총화慵齋叢話》

성어용례

» 자제들에게 반드시 황금을 보기를 돌같이 할 것을 훈계하였다. [訓子弟 必以見金如石]

이륙李陸, 〈저헌집행장樗軒集行狀〉

1 宰樞 : 재상.

宰 재상 재 樞 지도리 추 邀 맞이할 요 迓 마중할 아 ; 맞이하다 棋 바둑 기 消 사라질 소 ; 쓰다
珍 보배 진 饌 여섯 냥 선 ; 반찬 찬/지을 찬 豪 호걸 호 侈 사치할 치 糅 섞을 유 黍 기장 서 ; 수수
稻 벼 도 炊 불땔 취 雜 섞일 잡 枵 빌 효 ; 굶주리다 啖 씹을 담 ; 먹다

97 野鼠求婚

들야 쥐서 구할구 혼인할혼

두더지가 혼인을 구하다

인간의 허영심을 풍자한 것으로, 자신의 분수를 지켜야 함

유 野鼠之婚 安分知足

惟A : 오직 A 만이
雖A : 비록 A하더라도
無以A : A할 수 없다
A乎 : A하구나!

野鼠[1]欲爲其子擇高婚호대 初謂惟天最尊하여 遂求之於天하니 天曰 我雖兼包萬有나 非日月이면 則無以顯吾德이로라 野鼠求之於日月하니 日月曰 我雖普照나 惟雲蔽之하여 彼居吾上乎로다 野鼠求之於雲하니 雲曰 我雖使日月失明이나 惟風吹散하여 彼居吾上乎로다

두더지가 그 자식을 위해 훌륭한 혼처 자리를 고르고 싶었는데, 애초에 오직 하늘만이 가장 높은 것으로 생각했던지라 마침내 하늘에게 혼인할 것을 요청했다. 그러자 하늘이 "내가 비록 만물을 모두 안고 있지만, 해와 달이 아니면 내 덕을 드러낼 수 없다."라고 하니, 두더지가 해와 달에게 혼인을 요청했다.

해와 달이 "내가 비록 널리 비출 수는 있지만 오직 구름만이 그것을 가려버리니, 저 구름이 내 위에 있도다!"라고 하자, 두더지가 구름에게 혼인을 요청하였다. 구름이 "내가 비록 해와 달로 하여금 빛을 잃게 할 수는 있지만, 오직 바람만이 구름을 불어서 흩어버리니, 저 바람이 내 위에 있도다!"라고 하였다.

1 野鼠 : 두더지.

CV13425

爲 할 위 ; 위하다　謂 이를 위 ; 생각하다　普 넓을 보 ; 널리　蔽 덮을 폐 ; 가리다　吹 불 취

野鼠求之於風하니 風曰 我雖能散雲이나 惟田間石佛은 吹之不倒하니 彼居吾上이로다 野鼠求之於石佛하니 石佛曰 我雖不畏風이나 惟野鼠穿我足底면 則傾倒하여 彼居吾上乎로다 野鼠於是傲然自得[1]曰 天下之尊이 莫我若也라하고 遂婚於野鼠하니라

莫A若也 : A만 한 것이 없다

두더지가 바람에게 혼인을 요청하자, 바람이 "내가 비록 구름을 흩어버릴 수는 있지만, 오직 밭 사이의 돌부처만은 불어도 넘어지지 않으니, 저 돌부처가 내 위에 있다."라고 하니, 두더지가 돌부처에게 혼인을 요청했다. 돌부처가 "나는 비록 바람을 두려워하지 않지만, 오직 두더지만이 내 발 밑을 뚫으니, 그렇게 되면 넘어져 버린다. 그러니 저 두더지가 내 위에 있도다!"라고 하니, 두더지는 이에 거만하게 의기양양하며 "천하에서 존귀한 것 중에 우리만한 것이 없구나."라고 하고는 마침내 두더지와 혼인하였다. 《순오지旬五志》

1 自得 : 의기양양함.

倒 넘어질 도　穿 뚫을 천　傾 기울 경　傲 거만할 오

주요 인물별 고사성어

- 본서에 동일인의 '名, 字, 號' 등 異形의 인명이 다양하게 등장하는 경우 '대표 인명'에만 성어를 제시함.
- 이형의 항목에는 '⇒' 뒤에 '대표 인명'만 제시함.
- '대표 인명'은 기초서임을 고려하여 대중서적이나 온라인상에서 흔히 등장하는 인명으로 선정함.
- 고사성어 앞에 제시된 숫자는 본서에 수록된 고사성어 일련번호임.
- 본서에 수록된 인명은 원문의 범위에 한함.

- 가생(賈生) ⇒ '가의(賈誼)' 참조
- 가의(賈誼) = 가생(賈生), 장사왕태부(長沙王太傅) : 10.與世推移
- 경경(慶卿) ⇒ '형가(荊軻)' 참조
- 경양군(涇陽君) : 8.鷄鳴狗盜
- 경양왕(頃襄王) : 10.與世推移
- 경왕(敬王) : 31.臥薪嘗膽
- 계방(季方) ⇒ '진심(陳諶)' 참조
- 계찰(季札) : 83.季札掛劍
- 계포(季布) : 85.季布一諾
- 고(高) ⇒ '조고(趙高)' 참조
- 고백통(皐伯通) ⇒ '백통(伯通)' 참조
- 고점리(高漸離) : 11.傍若無人
- 고제(高帝) ⇒ '유방(劉邦)' 참조
- 고조(高祖) ⇒ '유방(劉邦)' 참조
- 공(公) ⇒ '헌공(獻公)' 또는 '영공(靈公)' 참조
- 공민왕(恭愍王) : 95.兄弟投金
- 공손용(公孫龍) : 7.邯鄲學步
- 공자(孔子) = 자(子), 중니(仲尼) : 3.過猶不及 65.聞一知十 89.苛政猛於虎
- 공자규(公子糾) : 77.管鮑之交
- 공자비(公子騑) = 자사(子駟) : 43.百年河淸
- 공자정(公子貞) = 자낭(子囊) : 43.百年河淸
- 과(顆) ⇒ '위과(魏顆)' 참조
- 곽외(郭隗) = 외(隗) : 67.先從隗始
- 관영(灌嬰) : 18.口尙乳臭
- 관이오(管夷吾) ⇒ '관중(管仲)' 참조
- 관자(管子) ⇒ '관중(管仲)' 참조
- 관중(管仲) = 관이오(管夷吾), 관자(管子) : 5.老馬之智 77.管鮑之交
- 괄(括) ⇒ '조괄(趙括)' 참조
- 괵공추(虢公醜) : 16.脣亡齒寒
- 구천(句踐) : 31.臥薪嘗膽
- 군(君) ⇒ '영공(靈公)' 참조
- 굴원(屈原) = 원(原), 평(平) : 10.與世推移
- 궁지기(宮之奇) : 16.脣亡齒寒
- 극신(劇辛) : 67.先從隗始
- 급(汲) ⇒ '급암(汲黯)' 참조
- 급암(汲黯) = 급(汲) : 12.門前雀羅

- 누완(樓緩) : 8.鷄鳴狗盜

- 달기(妲己) : 88.酒池肉林
- 덕조(德祖) ⇒ '양수(楊修)' 참조
- 도척(盜跖) : 26.讀書亡羊
- 두회(杜回) : 78.結草報恩

- 량(梁) ⇒ '왕량(王良)' 참조
- 량(亮) ⇒ '제갈량(諸葛亮)' 참조

- 마복군(馬服君) ⇒ '조사(趙奢)' 참조
- 매(昧) ⇒ '종리매(鍾離昧)' 참조
- 맹가(孟軻) ⇒ '맹자(孟子)' 참조
- 맹모(孟母) : 32.孟母斷機 33.孟母三遷之敎
- 맹상군(孟嘗君) : 69.一字千金 8.鷄鳴狗盜

ㅈ

ㅊ

한문 독해 패턴 색인

- 색인의 범위는 교재 원문에 제시한 패턴에 한함.
- 패턴내 각각의 한자에 모두 제시함. 단, 동일한 한자가 2회 이상 포함된 패턴은 1회만 기록함. 예: '不可不A'는 '不'과 '可'에 각 1회씩 제시함.
- '한자음 가나다 순'으로 배열함.

者

自

將

哉

纔

諸

竊

絶

足

則

之

只

도판목록 및 출처

번호	명칭	작자 등	출전	면
1	서시西施	미상未詳	백미신영도전百美新詠圖傳	17
2	자장子張	〃	지성선현상至聖先賢像	21
3	자하子夏	〃	〃	21
4	송인벌목宋人伐木	김진여金振汝(조선朝鮮) 화畫	공자성적도孔子聖蹟圖	23
5	제환공齊桓公	풍몽룡馮夢龍(명明) 찬撰	증상전도동주열국지 增像全圖東周列國志	25
6	관중管仲	전기田琦(조선朝鮮) 화畫	만고제회도상萬古際會圖像	25
7	공손룡公孫龍	미상未詳	지성선현상至聖先賢像	29
8	장자莊子	전기田琦(조선朝鮮) 화畫	만고제회도상萬古際會圖像	29
9	굴원屈原	〃	〃	40
10	가의賈誼	고원顧沅(청淸) 찬撰	고성현상전략古聖賢像傳略	40
11	오자서伍子胥	왕기王圻(명明) 찬撰	삼재도회三才圖會	52
12	한고조漢高祖	전기田琦(조선朝鮮) 화畫	만고제회도상萬古際會圖像	61
13	한신韓信	〃	〃	61
14	항우項羽	〃	〃	72
15	우희虞姬	상관주上官周(청淸) 찬撰	만소당죽장화전晩笑堂竹莊畫傳	72
16	주공周公	전기田琦(조선朝鮮) 화畫	만고제회도상萬古際會圖像	89
17	무왕武王	〃	〃	89
18	성왕成王	〃	〃	89
19	조조曹操	전기田琦(조선朝鮮) 화畫	만고제회도상萬古際會圖像	106
20	유비劉備	왕기王圻(명明) 찬撰	삼재도회三才圖會	108
21	제갈공명諸葛孔明	〃	〃	108
22	맹자孟子(추국아성공 鄒國亞聖公 맹가孟軻)	미상未詳	지성선현반신상 至聖先賢半身像	145
23	진시황秦始皇	채호蔡昦(청淸)	증상전도동주열국지 增像全圖東周列國志	170
24	한신韓信	상관주上官周(청淸) 찬撰	만소당죽장화전晩笑堂竹莊畫傳	176
25	백아고금도伯牙鼓琴圖	왕진붕王振鵬(원元)	-	198
26	증자曾子	전기田琦(조선朝鮮) 화畫	만고제회도상萬古際會圖像	216
27	공자孔子	〃	〃	221
28	자로子路	여유기呂維祺(명明) 찬撰	성현상찬聖賢像讚	221

原文으로 읽는 故事成語 15,000원

2020년 3월 10일 초판 2쇄
2019년 1월 15일 초판 발행

篇　譯　元周用
懸　吐　吳圭根
潤文 校訂　李祉坤 金曉東
編　輯　李和春
出　版　申洋先
發行人　李啓晃
發行處　社團法人 傳統文化硏究會
서울시 종로구 삼일대로 428 낙원빌딩 411호
전　화 : (02)762-8401　전　송 : (02)747-0083
홈페이지 : juntong.or.kr
등　록 : 1989. 7. 3. 제1-936호

인쇄처　한국법령정보주식회사(02-462-3860)
총　판　한국출판협동조합(070-7119-1750)

ISBN　979-11-5794-206-0　04710
978-89-85395-49-6(세트)